LES

MOHICANS

DE PARIS

PAR

ALEXANDRE DUMAS

3

PARIS
ALEXANDRE CADOT, ÉDITEUR
37, rue Serpente.

1854

Y

LES MOHICANS DE PARIS

Ouvrages de Paul Féval.

Le Tueur de Tigres.	2 vol.
Les Parvenus.	3 vol.
La Sœur des Fantômes.	3 vol.
Le Capitaine Simon.	2 vol.
La Fée des Grèves.	3 vol.
Les Belles de nuit.	8 vol.

Ouvrages de G. de la Landelle.

Le Château de Noirac.	2 vol.
L'Honneur de la Famille.	2 vol.
Les Princes d'Ébène.	5 vol.
Falcar-le-Rouge.	5 vol.
Les Iles de Glace.	4 vol.
Le Morne-aux-Serpents.	2 vol.
Une Haine à bord.	2 vol.

Ouvrages d'Alexandre de Lavergne.

Il faut que jeunesse se passe.	3 vol.
Sous trois Rois.	2 vol.
La Princesse des Ursins.	2 vol.
Un Gentilhomme d'aujourd'hui.	3 vol.
Le dernier Seigneur de Village. Le Secret de la Confession.	2 vol.

LES
MOHICANS
DE PARIS

PAR

ALEXANDRE DUMAS

 3

PARIS
ALEXANDRE CADOT, ÉDITEUR
37, rue Serpente
—
1854

I

Où il est question des sauvages du faubourg Saint-Jacques.

Chacun reprit peu à peu son petit train de vie accoutumé.

Justin, sa mère et sa sœur s'enlacèrent tous les trois de la même chaîne qui les rivait autrefois les uns aux autres, et ils recommencèrent à traîner le boulet de leur lourde existence.

Seulement, c'était une vie encore plus triste, s'il était possible, que leur vie première ; car la monotonie de leur vie présente s'augmentait de toutes les joies perdues de leur vie passée.

La fin de l'été s'écoula donc bien lentement, à compter les jours qui les séparaient encore du retour de la jeune fille.

Ce retour, nous l'avons dit, était fixé au 5 février 1827.

Le mariage devait avoir lieu le lendemain.

On avait écrit au bon curé de la Bouille

pour lui demander à la fois sa permission et sa bénédiction.

Il avait envoyé la permission, et avait dit qu'il ferait tout au monde, le moment arrivé, pour apporter la bénédiction lui-même.

C'était donc le 6 février que Justin serait le plus heureux des hommes.

Aussi fût-ce Justin qui reprit courage le premier.

Un jour qu'il revenait de Versailles, où il avait été voir la jeune fille avec M. Müller, il l'avait trouvée si jolie, si gaie, si aimante, qu'à partir de ce moment, il avait en quelque sorte rendu la gaîté à la famille.

On touchait au mois de janvier.

Encore cinq semaines d'attente, encore trente-sept jours de patience, et Justin devait atteindre le verdoyant sommet des félicités humaines.

Puis une chose viendrait bientôt distraire toute la bonne famille.

C'étaient les préparatifs du mariage.

Justin et la mère avaient bien été d'avis qu'on prévînt Mina de ce changement qui allait se faire dans son existence ; mais sœur Céleste et le vieux professeur avaient répondu chacun de son côté : « Inutile ! je réponds d'elle. »

Puis, il faut le dire, tout le monde se

faisait une joie enfantine de l'étonnement de la chère petite, quand, le **6** février au matin, après lui avoir fait faire la veille ses dévotions sous un prétexte quelconque, on tirerait de l'armoire une robe blanche, un bouquet de roses blanches, un chaperon de fleurs d'oranger.

Tout le monde serait là, l'entourant ; tout le monde verrait sa joie — excepté la bonne mère aveugle ; mais elle tiendrait la main de son fils dans la sienne, et, aux frissonnements de cette main, elle devinerait tout.

A dater du commencement de janvier, on ne songea donc plus qu'à préparer une chambre convenable pour recevoir les deux époux. Il y avait dans le même corps de logis, sur le même palier, un petit appartement pareil à celui de la mère et de la sœur, composé de deux chambres qui semblaient faites à souhait pour servir d'habitation aux deux jeunes gens.

Cet appartement était occupé par une petite famille pauvre qui trouva un grand avantage à déménager, car Justin offrait de prendre pour son compte quatre termes dont elle était redevable.

L'appartement fut libre à partir du 9 janvier, et l'on pensa à le meubler au plus vite : on n'avait pas tout à fait un mois devant soi.

On mit la maison sens dessus dessous,

pour tâcher d'en tirer quelque chose qu'on pût approprier à l'appartement du jeune ménage; mais rien, dans toute la maison, ne sembla assez jeune, assez frais, assez beau pour être élevé à tant d'honneur.

Tous trois tombèrent d'accord qu'il fallait acheter un nouveau mobilier, simple, il est vrai, mais neuf et au goût du jour.

On alla donc rôder chez tous les ébénistes des environs; car des tapissiers, dans ce pays, il n'en existait pas, et nous croyons même pouvoir assurer qu'il n'en existe pas encore un seul aujourd'hui.

Enfin, on découvrit, dans la rue Saint-Jacques, à quelques pas du Val-de-Grâce, un ébéniste dont la boutique regorgeait de meubles.

De meubles en noyer, bien entendu ; en 1827, il n'était pas question de meubles d'acajou dans le faubourg, ni même dans la rue Saint-Jacques ; on en faisait espérer aux habitants, qui en avaient aperçu en parcourant les autres quartiers; on en attendait de jour en jour; le navire qui était chargé du bois précieux pouvait arriver d'un moment à l'autre... à moins qu'il n'eût sombré !

Mais c'était tout ce que l'on pouvait tirer des ébénistes de la rue du faubourg Saint-Jacques.

En attendant, si l'on était pressé d'avoir

un lit, une commode, un secrétaire, il fallait les prendre en noyer, cet acajou des malheureux.

Malgré l'ambition folle de la bonne famille, de posséder un mobilier d'acajou, on fut donc forcé de se contenter des meubles qu'offrait l'ébéniste.

On était, d'ailleurs, tellement habitué à se contenter de peu, que les meubles nouveaux, même en noyer, parurent un trésor à ces braves gens.

Quant aux rideaux et à la lingerie, ce ce fut sœur Céleste qui s'en chargea.

La pauvre fille n'était point sortie depuis six mois ; c'était tout un voyage pour elle ! il s'agissait d'aller jusque chez un marchand de toile déjà célèbre, à cette époque, dans le quartier Saint-Jacques, et que l'on appelait Oudot.

Il y avait loin pour la pauvre Céleste ; Dieu seul connaît la sublime abnégation dont l'âme de la pauvre fille était pleine ; Dieu seul sait si, pendant le trajet, l'ombre d'une pensée jalouse vint effleurer son honnête cœur.

Et, cependant, pour qui allait-elle faire ces emplettes ?

Ne pouvait-elle se demander ceci, pauvre fille : « Comment se fait-il, quand Dieu donne la vie à deux créatures humaines du même sexe, innocentes toutes deux de tout péché, puisqu'elles viennent de naître — comment se fait-il que l'une arrive à être belle, heureuse, et à la veille de se marier avec l'homme qui l'aime et qu'elle adore, tandis que l'autre est laide, malade, affligée, destinée enfin à mourir vieille fille ? »

Eh bien ! elle ne se demandait point cela, et, si elle se le fût demandé, cette inégalité dans deux êtres semblables ne l'eût pas même fait murmurer.

Loin de là, Céleste de nom, céleste de cœur, elle s'en allait joyeuse comme si elle eût été chercher sa propre corbeille de noce.

En vérité, cette vieille fille était une

sainte, et les voisins, malgré leur peu de respect pour les autres, n'attendaient pas, il faut bien le dire, sa canonisation pour l'adorer.

Tous les passants la saluaient avec déférence, tant son front pâle et maladif rayonnait de splendide vertu.

La mère, qui ne pouvait rien faire pour l'embellissement de la chambre nuptiale, voulant cependant contribuer au nouveau luxe des deux jeunes gens, tira de sa commode les vieilles et riches dentelles qui avaient orné sa robe de noce, et qu'elle n'avait ni revues ni remises depuis le jour de son mariage.

Elle les donna donc à Justin pour qu'il

les fît blanchir et ajuster sur la robe de la jeune fille.

M. Müller voulut, lui aussi, apporter son cadeau.

Un matin, c'était vers le 28 ou 29 janvier, on vit arriver — au grand ébahissement des voisins, qui regardaient, tous les jours, passer un meuble nouveau, sans pouvoir s'expliquer la cause réelle de ces emménagements quotidiens — on vit, disons-nous, arriver, un matin, à leur grande stupéfaction, un immense chariot couvert d'une toile épaisse, et qui résonnait bruyamment sur le pavé.

A peine arrêté devant la grande porte de la maison qu'habitait Justin, le véhicule inconnu fut entouré par toutes les commères, tous les gamins, tous les chiens, toutes les poules du faubourg.

On eût pu se croire à un relai de poste dans un petit village de province.

Le faubourg Saint-Jacques est un des faubourgs les plus primitifs de Paris. A quoi cela tient-il? Est-ce parce que, entouré de quatre hôpitaux comme une citadelle l'est de quatre bastions, ces quatre hôpitaux éloignent le touriste du quartier? est-ce parce que, ne conduisant à aucune route, n'aboutissant à aucun centre, tout au contraire des principaux faubourgs de Paris, le passage des voitures y est très rare?

Aussi, dès qu'une voiture apparaît dans le lointain, le gamin privilégié qui le premier l'aperçoit fait un porte-voix de ses deux mains, et la signale à tous les habitants du faubourg, absolument comme, sur les côtes de l'Océan, on signale une voile qu'on aperçoit à l'horizon.

A ce cri, tout le monde quitte son ouvrage, descend sur le pas de sa porte, ou se plante sur le seuil de sa boutique, et attend froidement l'arrivée de la voiture promise.

A un moment donné, elle apparaît.

— Hourra! voilà la voiture!

Aussitôt, on s'approche, on la regarde avec cette joie naïve, avec cet étonnement enfantin dont dûrent faire preuve les sauvages, la première fois qu'ils aperçurent ces maisons flottantes appelées des vaisseaux, et ces centaures appelés des Espagnols.

Alors, les différents caractères se manifestent : quelques-uns des indigènes du faubourg Saint-Jacques l'entourent; quelques autres profitent de l'absence du cocher, qui est allé se rafraîchir, et de l'absence du voyageur égaré sur ces terres australes, qui est entré où il avait affaire : ceux-ci — de même que les Mexicains soulevaient les habits de leurs conquérants pour s'assurer s'ils faisaient ou non partie de leur peau — ceux-ci, disons-nous, touchent le cuir de la voiture, ou passent leurs mains en manière de peigne dans la crinière du cheval, tandis que d'autres grimpent sur le siége, à la grande joie des mères, qui en octroient généreusement la permission.

Le cocher rafraîchi, le voyageur de retour, le cheval essaie de se remettre en route, mais ce n'est qu'avec une peine infinie qu'il peut quitter le faubourg sans écraser une demi-douzaine des enfants qui lui font escorte.

Enfin il parvient à se dégager ; il part.

Hourra nouveau de la population, hourra d'adieu ! on le suit pendant quelque temps; plusieurs s'attellent aux ressorts de la voiture; enfin, cheval et carrosse disparaissent, au grand regret de la foule, et à la satisfaction du voyageur, enchanté de regagner des pays plus civilisés.

Maintenant, voulez-vous avoir l'idée de l'importance réelle que prend un tel événement ?

Entrez, le même soir, cher lecteur, dans la maison de l'une des personnes qui ont vu passer cette voiture? à l'heure où le père de famille rentre du travail, vous l'entendez demander :

— Femme, qu'y a-t-il eu de nouveau dans la journée ?

Et femme et enfants répondent :

— Il a passé une voiture !...

Cela posé en manière de parenthèse, on peut imaginer la surprise et la jubilation du quartier en apercevant cet immense chariot de forme tout à fait inconnue.

On comprend s'il fut entouré, regardé, touché, examiné dans tous les sens.

Nous avons dit, n'est-ce pas? le plaisir qu'avait procuré, par son simple passage, ce fantastique chariot, recouvert de sa carapace mystérieuse.

Eh bien! ce ne fut rien auprès des cris de joie qui s'élevèrent de tous côtés, des boutiques, des portes, des fenêtres, des toits, quand, la couverture enlevée, on vit — luxe incroyable! rêve féerique! — une énorme pièce de bois d'acajou.

Le faubourg entier tressaillit; les cris d'étonnement allèrent se répercutant de maison en maison, et le pavé fut littéralement couvert d'une foule attentive et ravie.

On ne comprenait pas bien précisément quelle était la destination de cette grande pièce de bois représentant un carré long d'un pied d'épaisseur à peu près.

Mais, comme c'était de l'acajou merveilleusement vernissé, on se contentait de l'admirer naïvement.

On descendit le bloc énorme de la voiture, et on le passa dans la maison, dont on referma la porte au nez des curieux.

Mais ce n'était point le compte de la

foule, qui, ayant suffisamment payé son tribut d'admiration à cette pièce, voulait à toute force en connaître l'utilité.

On s'interrogea les uns les autres; les uns penchaient pour une commode, les autres pour un secrétaire.

Mais chacune de ces conjectures paraissait invraisemblable.

Les partisans de l'invraisemblance — ce que nous autres appelons les sceptiques — s'appuyaient sur ce que cet étrange objet n'avait pas de tiroirs, et qu'une commode sans tiroirs, fût-elle même en acajou, ne pouvait offrir la première des commodités que semblait promettre son nom.

Un des anciens offrait de parier que c'était une armoire ; mais il eût certainement perdu sa gageure, car personne n'avait vu trace de portes ; or, une armoire sans portes, quoique restant toujours un objet de luxe, devenait un meuble superflu. Il fut démontré que l'ancien avait tort.

En conséquence, on se groupa autour du chariot et l'on tint conseil.

Le résultat du conseil fut d'attendre les portefaix à leur sortie de la maison et de les interroger.

Les portefaix parurent, et ce fut à qui porterait la parole ; cette mission incomba à une grosse commère qui, les deux poings sur la hanche, s'avança fièrement.

Malheureusement pour la foule haletante, l'un des portefaix était sourd, et le second Auvergnat; il en résulta que le premier ne put pas entendre, et que le second ne put pas se faire entendre.

En conséquence, jugeant une plus longue conférence inutile, le premier portefaix, faisant claquer son fouet en véritable sourd qu'il était, lança triomphalement le chariot à travers le faubourg ; ce qui contraignit la foule à s'écarter pour lui livrer passage.

On nous croira si l'on veut, mais jamais aucun habitant du faubourg n'eût la révélation de ce mystère, qui fait encore aujourd'hui l'aliment des longues soirées d'hiver. Nous supplierons même, en passant, ceux de nos lecteurs qui auraient deviné qu'il s'agissait d'un piano, de ne le révéler à personne, afin que ce doute continue à subsister, et soit le châtiment de ces terribles voisins !

II

Une amie de pension.

En effet, ce morceau étrange, ce bloc énorme, cette pièce d'acajou, massive en apparence, qui avait attiré l'attention fanatiques de désœuvrés du faubourg Saint-Jacques, c'était un magnifique piano que le vieux professeur envoyait comme cadeau de noce à sa chère Mina.

On imagine la joie et la confusion de la pauvre famille, en recevant ce riche présent.

Le piano une fois posé dans la chambre future des deux jeunes mariés, la chambre était complète, et l'on eût dit qu'elle n'attendait plus que le meuble merveilleux qui se trouvait si naturellement à sa place.

C'était une chambre simple et charmante ainsi parée, un véritable nid de ramiers, tout rose et blanc.

On avait mis à la tête du lit, dans un cadre ovale en chêne incrusté d'or, la couronne de bluets et de coquelicots que la petite fille avait, en attendant le jour, tressée le soir où on l'avait trouvée couchée dans les blés.

On eût dit, par la place qu'elle occupait, et par l'importance qu'on lui avait donnée dans l'appartement, un de ces *ex-voto* comme les marins en suspendent au-dessus de la tête de la Vierge, au retour d'un périlleux voyage.

N'était-ce pas, en effet, à partir du jour où la petite fille avait tressé cette couronne que les nuages orageux amoncelés autour de la famille s'étaient éclaircis, puis dissipés, et qu'enfin l'on avait vu descendre dans son char d'or la fée protectrice de la pauvre maison?

La chambre était donc complète, ainsi ornée, et prête à recevoir les deux époux.

Encore six jours, et le soleil du bonheur allait de nouveau, et plus brillant que jamais, rayonner pour ces honnêtes gens.

Justin entretenait une longue et fréquente correspondance avec la maîtresse de la pension; celle-ci était enchantée de son élève, et voyait arriver avec douleur le moment où il faudrait se séparer d'elle. D'accord en cela avec la famille, qui l'avait mise au courant de tous ses projets, elle aussi avait été d'avis de laisser Mina dans une ignorance complète du bonheur qui l'attendait, de peur d'agiter outre mesure le cœur ardent de la jeune fille.

Et, en effet, à quoi bon l'avertir même une heure d'avance? n'étaient-ils pas sûrs tous de son consentement? sœur Céleste et papa Müller n'avaient-ils pas répondu d'elle? n'avait-on pas à chaque instant des preuves de sa reconnaissante affection pour la famille, et de sa tendresse profonde pour le jeune homme? Vingt fois la maîtresse de pension l'avait interrogée à son insu, et vingt fois elle avait acquis et transmis à Justin la certitude que l'amour en germe dans son cœur n'attendait qu'un rayon pour éclore et fleurir.

On n'avait donc, à cette heure bienheureuse, que des causes de joie et de contentement.

Sous prétexte de prendre à Mina mesure d'une robe de demi-saison, on lui avait envoyé la couturière qui lui faisait ce qu'on appelait les grandes robes, c'est-à-dire les robes des jours de fête; — les petites robes, c'est-à-dire les robes des jours ordinaires, Mina et sœur Céleste les faisaient elles-mêmes.

C'était le 5 février, jour de l'anniversaire, que l'on devait aller chercher la petite Mina à Versailles.

Plusieurs fois Justin avait hasardé cette question :

— Comment irons-nous chercher Mina?

Et, chaque fois, le vieux professeur avait répondu :

— Ne t'inquiète pas de cela, garçon; c'est mon affaire.

La veille, Justin répéta la question.

— J'ai retenu une voiture superbe ! dit M. Müller.

Justin embrassa son vieux professeur.

On passa, tous ensemble, moins Mina cependant, une adorable soirée ; on ne dit pas un mot qui n'eût été redit cent fois ; on se demanda si l'on n'avait rien oublié, si les bans avaient été affichés et publiés, si le curé de Saint-Jacques-du-Haut-Pas avait bien arrêté l'heure, si les souliers de satin blanc, la robe de mousseline et le bouquet de fleurs d'oranger ne seraient point en retard.

A la fin de la soirée, la mère causa aux enfants et à Müller un bien doux étonnement.

Elle leur annonça qu'elle irait, le lendemain, avec eux à Versailles.

On eut beau lui objecter qu'il y avait près de cinq lieues de Paris, et près de six lieues du faubourg Saint-Jacques à Versailles; qu'aller et revenir, cela ferait douze lieues; qu'elle serait brisée; que, n'étant pas sortie depuis six années, c'était risquer de compromettre sa santé : elle ne voulut rien entendre, et maintint son projet envers et contre tous, battant en brêche les raisonnements les plus solides, et se résumant par cette immuable résolution.

— J'ai été la première à l'embrasser au départ; je veux être la première à l'embrasser au retour.

On finit par acquiescer à son désir.

D'ailleurs, en lui faisant toutes sortes d'objections, chacun désirait qu'elle insistât.

Il fut convenu qu'on se tiendrait prêt pour le lendemain sept heures du matin ; et, le lendemain à six heures trois quarts, en effet, on vit paraître, à la stupéfaction inénarrable des voisins, cette superbe voiture que M. Müller avait annoncée la veille.

C'était un fiacre gigantesque, armorié sur les deux panneaux, et peint d'un jaune éclatant; il n'existe plus guère aujourd'hui qu'un ou deux de ces fiacres antédiluviens. ce sont les mammouths et les mastodontes de l'espèce ; depuis près de dix ans, ils sont passés à l'état de curiosités ; nous indiquerions le musée où on les remise si nous le connaissions.

C'était une arche où, les dimanches de pluie, s'enfermait une famille entière de bourgeois ; on pouvait tenir là-dedans quatre couples d'animaux, c'est-à-dire sept ou huit personnes, sans désobliger précisément son voisin ; aujourd'hui, pour huit personnes, il faut quatre coupés : c'est quatre fois moins gênant, il est vrai ; mais c'est huit fois plus cher.

Est-ce un progrès ? Nous l'ignorons ; nous en laissons la honte ou la gloire devant la postérité aux loueurs de voitures.

Ce fut donc un grand fiacre d'un jaune

éblouissant qui s'arrêta devant la maison du maître d'école, aux yeux hagards des sauvages du faubourg.

Le professeur en descendit, entra dans la maison, et, quelques minutes après, les voisins furent au comble de la stupéfaction en voyant monter dans la voiture le fils, la sœur et la mère : la mère, qu'ils n'avaient pas vue une seule fois !

M. Müller monta le dernier, après avoir remis au pharmacien-herboriste — qui se tenait comme les autres sur sa porte, avec son garçon et une bonne, qu'on appelait généralement *la pharmacienne* — la clé de l'appartement, et l'avoir prié, dans le cas où un prêtre de campagne viendrait demander M. Justin ou mademoiselle Mina, de lui remettre cette clé, en lui disant que toute la famille était à Versailles, mais reviendrait le soir avec sa pupille.

En conséquence, le prêtre était prié d'attendre.

Puis le professeur prit place auprès de ses trois amis impatients, et la voiture partit au grand trot, emportant rapidement l'heureuse famille, pour la conduire au pensionnat de Versailles, où la jeune fille était loin de s'attendre à la surprise qu'on lui ménageait.

Le fiacre ne fut point à vingt pas, que tous les voisins se précipitèrent vers la porte du pharmacien-herboriste, en lui demandant quel était l'objet qu'on lui avait donné, et la recommandation qu'on lui avait faite.

M. Louis Renaud voulut faire le discret et garder le silence d'un air rengorgé et capable ; mais la chose ne parut pas nécessaire à la pharmacienne.

— Ta ta ta! dit-elle, il n'y a pas de mystère là-dessous, quoi! et puis il n'y a que les gens qui veulent faire le mal qui se cachent : la chose, c'est la clé de l'appartement, et la recommandation, c'est de la donner à un curé de campagne qui viendra demander sa pupille.

— Mademoiselle Françoise, dit M. Renaud en rentrant majestueusement chez lui, je vous ai toujours dit que vous étiez une bavarde.

— Bon! bavarde ou non, la chose est dite, répondit mademoiselle Françoise; elle m'aurait étouffée, et je ne veux pas mourir d'un coup de sang, donc!

La nouvelle se répandit rapidement dans le faubourg Saint-Jacques, que toute la famille était partie pour Versailles, que Mina était la pupille d'un prêtre, et que l'on attendait son tuteur dans la journée.

Comme le jour qui venait de s'ouvrir était un saint jour de dimanche, et que, par conséquent, personne n'avait rien à faire, des groupes stationnèrent dans la rue pendant une partie de la journée, causant et hypothétisant.

Quand l'heure du déjeûner arrivait pour les uns et pour les autres, ceux pour qui l'heure était arrivée posaient une sentinelle qui avait mission de venir annoncer si le prêtre apparaissait à l'horizon.

Huit heures, neuf heures, dix heures, onze heures sonnèrent à l'église Saint-Jacques-du-Haut-Pas, sans que l'on vît apparaître aucune soutane, et sans que les interprétations diverses fissent un seul pas vers la vérité; seulement, à onze heures et demie, quelques femmes qui sortaient de la grand'messe, et précédaient le gros des fidèles, comme une avant-garde légère précède le gros corps d'armée, accoururent, faisant de grands bras, et, tout ésoufflées, crièrent à droite et à gauche en passant dans la rue :

— Ils se marient! ils se marient! le curé de Saint-Jacques a publié les bans; ils se marient! ils se marient!

La nouvelle parcourut toute la longueur du quartier Saint-Jacques avec la rapidité d'une secousse électrique.

Dès-lors, un peu de tranquillité reparut dans le faubourg : on savait donc le grand secret du maître d'école!

Seulement, là comme partout, il y eut quelques esprits forts qui dirent :

— Je m'en étais douté !

— Ah ! la belle malice ! dit un gamin en passant, ils se sont doutés qu'un beau garçon épouserait une belle fille ! il ne faut pas les cartes de la Brocante pour faire de ces prédictions-là.

Pendant ce temps, le fiacre roulait, et, à force de rouler, arrivait à Versailles, traversait trois ou quatre rues retentissantes comme les rues d'une nécropole, et s'arrêtait devant la porte du pensionnat, juste au moment où un fiacre de la même nuance s'en retournait au galop en sens opposé.

On eût dit deux fiacres siamois qui venaient de rompre leur attache.

Au reste, il était temps que l'on arrivât : la mère et la sœur étaient fatiguées et mouraient d'impatience; le vieux professeur commençait à maugréer de la route, lui qui, d'ordinaire, la trouvait si courte lorsqu'il venait ou s'en retournait à pied.

Le cœur de Justin battait davantage à mesure que l'on approchait; un quart de lieue de plus, et, comme sa voisine mademoiselle Françoise, il risquait d'attraper un coup de sang.

Enfin, nous le répétons, il était temps.

On entra dans la pension; la mère ne connaissait point la directrice; on la conduisit à elle; elle la remercia tout d'abord des soins dévoués dont elle avait, depuis sept mois, entouré sa fille d'adoption.

On envoya chercher la jeune fille.

La femme de chambre revint, disant que mademoiselle Mina n'était pas chez elle.

— Voyez chez mademoiselle Suzanne de Valgeneuse, dit la maîtresse de pension.

Puis, se retournant vers ses hôtes :

— Sans doute, continua-t-elle, elle est dans la chambre d'une de ses amies, mademoiselle Suzanne de Valgeneuse, une personne charmante, très douce, très bien élevée, de son âge à peu près, du même pays qu'elle, dont le père a de grandes propriétés du côté de Rouen ; elles sont liées depuis l'entrée de Mina, et je n'ai vraiment qu'à me féliciter de leur liaison. Croiriez-vous qu'à elles deux, elles m'économisent une sous-maîtresse ? Mina enseigne la musique, le français et l'histoire, tandis que Suzanne fait un cours de dessin, de calcul et d'anglais... Ah ! tenez, la voici.

Et, en effet, Mina, toute rose de joie, tout essoufflée de bonheur, apparaissait à la porte, jetant un cri à la vue de toute la famille réunie.

Elle n'eut l'air de reconnaître ni le vieux professeur, ni sœur Céleste, ni même Justin ; elle courut droit à madame Corby, et se jeta dans ses bras en criant :

— Ma mère !

La vue de madame Corby lui avait fait penser qu'il se passait ou allait se passer quelque chose d'extraordinaire.

Aussi était-elle fort émue, lorsqu'on lui dit que, comme elle avait seize ans le jour même, elle allait quitter le pensionnat pour n'y plus revenir.

Ce fut Justin qui lui annonça cette nouvelle, en l'embrassant au front selon son habitude, et en la serrant contre son cœur.

Mina fut bien joyeuse, et, cependant, il y avait une nuance de regret dans sa joie; Mina, cœur tendre, s'était attachée à trois choses : à *madame*, c'est-à-dire à la maîtresse; à Suzanne, son amie, et sa petite chambre, qui donnait sur la cour de la récréation, qui était si bruyante pendant les heures de jeu, si calme tout le reste du temps.

Elle demanda donc la permission de dire adieu à sa chambre et à Suzanne, double permission qu'elle n'eut pas de peine à obtenir.

Il fut convenu qu'elle irait dire adieu à sa chambre, et qu'au retour, elle trouverait Suzanne au salon.

Mina sortit en saluant de la main, de la tête et du rire.

Sa chambre était située au rez-de-chaussée, sur l'autre face de la maison correspondante au salon.

Il n'y avait que le corridor à traverser.

Elle entra ; puis, religieusement, saluant chaque objet, chaque meuble, comme on salue des amis auxquels on va dire adieu, elle s'agenouilla au prie-Dieu, et y dit les mêmes actions de grâces qu'elle avait dites dans la petite maison du faubourg Saint-Jacques, le lendemain de son arrivée.

Pendant ce temps, on avait fait descendre Suzanne au salon.

C'était une belle personne de dix-neuf ans, ou à peu près, aux grands yeux noirs, auxquels on ne pouvait reprocher qu'un peu de dureté naturelle, mais, qui, selon la volonté de la jeune fille, s'adoucissaient merveilleusement ; elle avait des sourcils et des cheveux noirs parfaitement en harmonie avec ses yeux; elle était grande et mince, avec la voix brève et impérieuse, enfin sentait son aristocratie d'une lieue.

La première vue de la jeune fille ne fut pas sympathique à Justin.

Cependant, à la nouvelle qu'elle allait pour toujours être séparée de Mina, Suzanne parut éprouver un tel regret, que l'expression vivement contrariée de sa physionomie, suffit pour ramener Justin à elle.

D'ailleurs, la belle jeune fille avait si gracieusement salué madame Corby, si cordialement tendu la main à sa sœur Céleste, si convenablement souri au vieux professeur — qui, ainsi que Justin, était de ses connaissances à elle, quoique eux ne la connussent pas — que Justin revint immédiatement sur son compte.

Puis, comme les bons cœurs, qui vont toujours dans la bonne impression, plus loin que dans la mauvaise, il se pencha à l'oreille de madame Corby, et, tout bas :

— Ma mère, dit-il, Mina paraît vivement regretter son amie ; je ne voudrais pas que, dans la journée de demain, Mina eût un seul regret ; si nous invitions mademoiselle Suzanne à venir passer la journée de demain avec nous ?

— Elle refuserait, dit la mère.

Madame Corby, avec le tact d'une aveugle, avait reconnu, dans la voix de mademoiselle de Valgeneuse, certaines cordes qui, résonnant avec dureté, lui faisaient mal augurer de la sensibilité amicale de la jeune fille.

— Mais, insista Justin, si elle accepte?...

— Notre maison est une bien pauvre maison pour une si riche fille!

— Elle reviendra demain après la cérémonie, et, ce soir, elle couchera dans ma chambre.

— Mais toi, où coucheras-tu?

— Oh! je trouverai bien un endroit pour mettre un lit de sangle.

— Mais, qui ramènera cette demoiselle?

— Vous avez raison, ma mère.

On consulta la maîtresse sur cette grande question, et le résultat de la conférence fut celui-ci : le lendemain, la maîtresse de pension et mademoiselle Suzanne de Valgeneuse arriveraient à Paris vers dix heures du matin, assisteraient à la bénédiction nuptiale, et retourneraient à Versailles après la cérémonie.

On communiqua ce projet à mademoiselle Suzanne, qui l'adopta avec joie, quoiqu'on lui laissât ignorer dans quel but elle allait à Paris.

On craignait son indiscrétion à l'endroit de son amie.

Mademoiselle Suzanne demanda seulement la permission d'informer son frère, M. Lorédan de Valgeneuse, du projet arrêté pour le lendemain.

Prévenue un instant plus tôt, elle eût pu l'en instruire de vive voix ; il venait de la quitter au parloir.

Comme M. Lorédan de Valgeneuse habitait Versailles, ou plutôt y avait un pied-à-terre, Suzanne réfléchit, toutefois, qu'il serait assez temps de lui écrire après le départ de Mina.

D'ailleurs, la jeune fille rentrait, et venait tout courant se jeter dans ses bras.

Justin, dans la crainte de voir briller

même l'apparence d'une larme au coin de l'œil de Mina, lui annonça qu'elle pouvait, au lieu d'adieu, dire au revoir à son amie : mademoiselle Suzanne et madame Desmarest — c'était le nom de la maîtresse de pension — leur faisaient l'honneur de venir passer avec eux la journée du lendemain.

Dès-lors les beaux yeux de l'enfant n'eurent plus même besoin d'être essuyés : ils se séchèrent tout seuls ; elle bondit de joie, embrassa Suzanne, embrassa madame Desmarest.

Puis, se retournant vers la famille bien-aimée :

— Me voilà, dit-elle, je suis prête !

On se dit au revoir une dernière fois ; madame Desmarest et Suzanne promirent d'être exactes ; les cinq voyageurs remontèrent dans la voiture, et reprirent la route de Paris, tandis que Suzanne rentrait dans sa chambre, et écrivait à son frère :

« Derrière toi est arrivée la famille ; elle emmène Mina. Je crois qu'il se passera demain quelque chose d'extraordinaire rue Saint-Jacques. Nous sommes invitées, madame Desmarest et moi, à passer la journée avec eux ; si tu veux te tenir au courant des événements, arrange-toi de manière à nous conduire, madame et moi, dans ta calèche.

» Ta sœur qui t'aime.

» S. de V. »

III

La demande en mariage.

Ainsi que l'avait espéré Justin, sa chère petite Mina sortait de sa pension, et allait rentrer chez elle sans que l'ombre d'un regret eût le droit de passer sur son front.

Elle était bien un peu inquiète de la

façon dont son aristocrate amie prendrait la montée du faubourg Saint-Jacques, la cour du pharmacien, la sombre entrée du logement, et tous ces stigmates, sinon de la misère, du moins de la pauvreté, dont elle ne s'apercevait qu'en songeant qu'une autre pouvait s'en apercevoir.

Cependant, disons-le, Mina était inquiète, mais n'était point honteuse : elle n'eût point échangé cette pauvre demeure avec ses amis contre un palais avec des étrangers; d'ailleurs, elle croyait être sûre de Suzanne comme d'elle-même, et elle se disait que, dans quelque état qu'elle eût une amie, et si inférieur que fût cet état, elle se tiendrait toujours pour joyeuse et honorée d'être reçue par elle.

Le voyage parut court à tout le monde, mais particulièrement à Mina, qui ne s'apercevait même pas qu'il y eût voyage ; la main dans celle de Justin, la tête tantôt renversée dans l'angle de la voiture, tantôt appuyée sur l'épaule du jeune homme, elle faisait de ces rêves d'or comme on n'en fait que de quinze à dix-huit ans.

On arriva vers les dix heures du soir.

Quelle que fût la curiosité des habitants du faubourg, elle n'avait point su tenir contre une heure si avancée : à partir de sept heures, chacun, selon son plus ou moins de persévérance, était rentré chez soi, et la dernière porte venait de se fermer sur le dernier voisin — dont la retraite laissait la rue solitaire, comme le clôture de sa porte allait la laisser obscure — lorsque l'on entendit ce bruit inaccoutumé du roulement d'une voiture s'arrêtant à la porte du pharmacien.

Le pharmacien, qui n'était pas encore couché — moins pour remplir consciencieusement la mission dont M. Müller l'avait chargé que pour obéir aux devoirs de sa profession — le pharmacien, disons-nous, eut à peine entendu la voiture s'arrêter, qu'il rouvrit sa porte, et, reconnaissant ses voisins, remit la clé à M. Müller, en lui annonçant que le prêtre qu'il attendait ne s'était point présenté.

— Quel prêtre? demanda la jeune fille.

— Un prêtre de mes amis, répondit

M. Müller, mentant pour la première fois peut-être, mais excusé par l'intention.

Le brave homme mentait pour le bon motif.

On renvoya le fiacre, et, en le payant, M. Müller lui dit tout bas deux mots qui n'étaient autres que ceux-ci :

— Soyez ici demain, à dix heures précises.

— On y sera, notre bourgeois, répondit le fiacre.

— Vous retenez le fiacre, cher papa Müller? demanda Mina.

— Oui, mon enfant; j'ai demain une petite promenade à vous faire faire.

— Tu en es, frère Justin? reprit Mina.

— Je crois bien! répondit Justin.

— Oh! alors, quel bonheur! dit Mina.

Et elle rentra toute sautante dans la maison en disant bonjour à chaque meuble de l'appartement de la rue Saint-Jacques, comme elle avait dit adieu à chaque meuble du pensionnat de Versailles.

On ne se coucha, ce soir-là, qu'à minuit, et, chose extraordinaire! madame Corby resta debout jusqu'à cette heure : ce qui, de mémoire de Mina et même de Müller, ne lui était jamais arrivé.

A minuit, on se sépara.

Justin donna à la jeune fille son dernier baiser fraternel sur le front; le baiser du lendemain devait être un baiser d'époux.

Müller souhaita une bonne nuit à tout le monde; il n'avait pas la moindre envie de se retirer, et il prétendait que, s'il y avait là des violons, il danserait avec sœur Céleste.

Pauvre sœur Céleste! elle sourit tristement : elle n'avait jamais dansé!

Les deux hommes descendirent dans la chambre de Justin, où ils causèrent une heure encore.

Puis Müller se retira.

Justin prit son violoncelle, le sortit de

sa boîte, le serra entre ses genoux, et, avec son archet, passé et repassé à deux pouces de cordes, il joua en idée un des motifs les plus gais d'*Il Matrimonio segreto*, qu'il broda des triples croches les plus fantastiques et des points d'orgues les plus exagérés!

Enfin, à trois heures, il se décida à se coucher; mais il était trop heureux, et, par conséquent, trop agité pour dormir sérieusement; d'ailleurs, en dormant sérieusement, il eût perdu le sentiment de son bonheur.

On eût dit qu'il ne s'endormait qu'en tenant à la main ce qui le ramenait au réveil, comme le plongeur tient la corde qui doit, lorsqu'il étouffe au fond de l'eau, le ramener à la surface de la mer.

A six heures, il était sur pied.

Il ne comprenait rien à la lenteur du temps; la pendule retardait, le grand ressort du soleil était cassé, le jour ne viendrait jamais!

Le jour vint à sept heures et demie, comme il venait dans la cour : ce n'était véritablement jamais lui, c'était un prête-nom.

Justin alla regarder à la porte de la rue.

Qu'allait-il y voir?

Il n'en savait rien lui-même; il y a des

moments où l'on ouvre les portes comme si l'on attendait quelqu'un.

Il attendait le bonheur !

Le bonheur, qui vient si rarement quand on lui ouvre la porte d'avance !

Il y avait déjà des boutiques ouvertes ; il y avait déjà des voisins sur le seuil de leur porte.

Plusieurs personnes se montrèrent Justin avec des signes.

Le boulanger d'en face, gros geindre à la figure enfarinée et au ventre rebondi, lui cria :

— Eh! c'est donc pour aujourd'hui, voisin?

Justin rentra et se mit à sa toilette.

Elle devait lui prendre une bonne heure.

Il avait les souliers vernis, les bas de soie à jour, le pantalon et l'habit noirs, le gilet et la cravate blancs.

Il lissa ses beaux cheveux blonds, qui retombaient sur son col, et lui donnaient, au dire de Müller, cet air allemand qui plaisait tant au vieux professeur, en ce qu'il faisait ressembler son élève à Weber.

Vers huit heures, il entendit du bruit au-dessus de sa tête.

C'étaient les deux jeunes filles qui se levaient.

Quand nous disons les deux jeunes filles,

c'est que nous prenons la **moyenne de** l'âge de Mina et de Céleste.

Mina avait seize ans, Céleste vingt-six.

C'était une moyenne de vingt et un ans.

Mina éveillée, les surprises réservées pour ce jour solennel allaient commencer.

Tandis que la jeune fille faisait sa première toilette, sœur Céleste sortit et alla chercher, dans la chambre des futurs époux, toute la blanche parure, moins le bouquet d'oranger.

Tout à coup, en se retournant, Mina vit, étalés sur son lit, le jupon de taffetas blanc, la robe de mousseline à dentelles, et les bas de soie.

Au pied du lit étaient les souliers de satin blanc.

Mina regarda tous ces objets avec étonnement.

— Pour qui donc cela? demanda-t-elle.

— Mais pour toi, petite sœur, répondit Céleste.

— Est-ce que je quête aujourd'hui, par hasard? dit Mina en souriant.

— Non, mais tu es de noce.

Mina regarda sœur Céleste avec des yeux ébahis.

— Qui donc se marie? demanda-t-elle.

— C'est un secret!

— Un secret?

— Oui.

— Oh! dis-le moi, sœur Céleste, reprit l'enfant caressant de ses deux jolies mains les joues de la vieille fille.

— Tu le demanderas à Justin, dit celle-ci.

— Oh! Justin, s'écria Mina, qu'il y a longtemps que je ne l'ai vu! Où est-il donc?

— Il attend que tu sois habillée.

— Oh! alors, je vais m'habiller bien

vite. Aide-moi, sœur Céleste! aide-moi!

Et Mina, aidée de sœur Céleste, s'habilla en un tour de main.

Ce qu'il y a, en général, de plus long dans la toilette des femmes, c'est la coiffure.

Mais les cheveux de Mina frisaient naturellement.

Un coup de peigne suffisait pour les enrouler en grosses boucles autour de ses doigts.

Cinq ou six boucles tombaient ainsi de chaque côté de ses joues, roulaient sur ses épaules, se perdaient dans sa poitrine, et tout était dit.

— Me voilà habillée, sœur Céleste, dit Mina. Où est Justin ?

— Viens ! dit Céleste.

Il fallait, pour sortir du petit appartement, traverser la chambre de madame Corby.

L'aveugle reconnut le pas de Mina.

D'ailleurs, la porte à peine ouverte, Mina était dans ses bras.

Madame Corby, en l'embrassant, porta la main sur sa tête ; elle avait l'air d'y chercher quelque chose.

Ce quelque chose était absent.

— Elle n'a pas encore vu Justin ? demanda la mère.

— Non ; Justin l'attend.

— Alors, dit madame Corby, va! il y a des moments où c'est si long d'attendre !

Sœur Céleste ouvrit la porte; Mina s'apprêtait à descendre.

— Non, dit sœur Céleste, par ici.

Elle ouvrit la porte en face.

C'était celle de cette jolie chambre nuptiale que nous avons décrite.

Justin était au milieu de la chambre, tenant à la main ce qui manquait à la parure de Mina, ce que madame Corby avait cherché sur le front de l'orpheline : le chaperon de fleurs d'oranger.

Mina comprit tout.

Elle jeta un cri de joie, pâlit, étendit les mains comme pour chercher un appui.

L'appui était là.

Justin ne fit qu'un bond et la reçut dans ses bras.

Puis, tout en appuyant ses lèvres sur celles de Mina, il lui mit au front la couronne de fleurs d'oranger.

Ce fut ainsi, dans un petit cri étouffé, que Justin demanda Mina en mariage, et que Mina répondit qu'elle consentait à épouser Justin.

Cinq minutes après, Mina était aux pieds

de madame Corby, qui, cette fois, tâtant la tête de l'enfant, et y trouvant ce qu'elle avait cherché inutilement dix minutes auparavant, leva sa main tremblante et dit :

— Au nom de tout le bonheur que je te dois, sois bénie, ma fille!

En ce moment, trois personnes parurent à la porte.

C'étaient, d'abord, madame Desmarest et mademoiselle Suzanne de Valgeneuse; puis, derrière ces deux dames, on apercevait la tête du professeur, qui se levait sur la pointe des pieds pour voir où l'on en était.

Tout à coup le brave Müller se sentit pris à bras le corps, presque étouffé.

C'était Justin qui l'embrassait.

— Eh bien? demanda le brave homme.

— Eh bien, s'écria Justin, elle m'aime!

— Comme sœur? demanda Müller en riant.

— Comme sœur, comme fiancée, comme femme, comme épouse! Elle m'aime, cher monsieur Müller! oh! je suis le plus heureux des hommes!

Justin avait raison : en ce moment, il touchait à ce point culminant qu'il est donné à si peu d'hommes d'atteindre.

touchait au faîte du bonheur.

Cependant, un petit groom, vêtu d'une redingote noire, chaussé de bottes à retroussis, et coiffé d'un chapeau à galon et à cocarde noirs, se frayait un chemin entre les acteurs de cette scène, et arrivait jusqu'à Suzanne de Valgeneuse, à laquelle il présentait un petit papier roulé et un crayon.

— De la part de M. Lorédan, dit en anglais le groom ; il y a réponse.

Suzanne déroula le petit papier, et n'y vit rien qu'un énorme point d'interrogation.

Elle comprit.

Au-dessous du point d'interrogation, elle écrivit ces trois lignes :

« On se marie ! Elle épouse son grand niais de maître d'école !

» Paye les gages de ton amour, et donne-lui congé... quitte à le reprendre à ton service plus tard. »

— Tiens, Dick, porte cela à ton maître, dit-elle ; c'est la réponse.

Justin avait tout vu, mais sans rien deviner ; cependant, une espèce de pressentiment d'un malheur inconnu passa dans ses veines comme un frisson.

Il alla à la fenêtre pour voir à qui ce billet serait remis.

Un beau et élégant jeune homme attendait à la porte dans une calèche.

C'était, sans doute, M. Lorédan de Valgeneuse.

En entendant le pas du groom, il se retourna; Justin put voir son visage.

C'était ce même jeune homme qui, le jour de la Fête-Dieu, avait regardé Mina d'une si singulière façon, que le maître d'école avait senti la première vipère de la jalousie le mordre au cœur.

Le petit groom remit le billet au jeune homme qui, après l'avoir lu, lui fit signe de reprendre sa place à côté du cocher.

L'enfant n'était pas encore sur le siége, que la voiture partit au galop.

IV

Le curé de la Bouille.

Pendant que ces choses se passaient dans la petite maison de la rue du faubourg Saint-Jacques, un brave homme de prêtre, de soixante-dix à soixante-douze ans, montait la rue au milieu de démonstrations de curiosité et de joie dont il se demandait bien inutilement la cause.

Les habitants du faubourg Saint-Jacques, qui, sur le dire de la pharmacienne, attendaient un prêtre depuis la veille au matin, n'avaient pas plus tôt vu apparaître la soutane et le tricorne de l'abbé Ducornet — c'était le nom du curé de la Bouille — qu'ils s'étaient dit les uns aux autres, les plus proches avec la parole, les plus éloignés avec le geste : « Voilà le prêtre! »

Et, comme on ne comptait plus sur lui après une si longue attente, son apparition, ainsi que nous l'avons dit, avait causé la plus vive impression.

Chacun s'était approché de lui; on l'avait entouré ; il marchait avec un cortége.

Et, comme il avait l'air de regarder à droite et à gauche pour s'orienter dans la rue, une commère, faisant la révérence, lui avait dit :

— Bonjour, monsieur le curé !

— Bonjour, ma bonne dame ! avait répondu le digne abbé.

Et, comme il avait vu qu'il était au numéro 300 de la rue Saint-Jacques, au lieu d'être au numéro 20 du faubourg, il avait continué son chemin.

—Monsieur le curé vient peut-être pour un mariage? dit la commère.

— Ma foi oui, dit le curé en s'arrêtant.

— Pour le mariage du numéro 20? dit une autre.

— Justement! dit le curé de plus en plus étonné.

Et, entendant sonner neuf heures et demie à l'horloge de Saint-Jacques, il continua sa route.

— Pour le mariage de M. Justin? dit une troisième commère.

— Avec la petite Mina, dont vous êtes le tuteur? dit une quatrième.

Le curé regardait les commères d'un air de plus en plus stupéfait.

— Mais laissez donc ce brave homme tranquille, tas de bavardes, dit un tonnelier qui cerclait une futaille; vous voyez bien qu'il est pressé !

— Oui, en effet, je suis pressé, dit le bon prêtre. C'est bien loin, le faubourg Saint-Jacques ! si j'avais su que ce fût aussi loin que cela, j'eusse pris une voiture.

— Ah! bah! vous voilà arrivé, monsieur l'abbé : il n'y a plus qu'un pas et une coulée.

— Tenez, dit une des femmes, c'est là-bas, où vous voyez un fiacre jaune qui stationne.

— Tout à l'heure, dit une autre, il y

avait aussi un carrosse découvert, avec un beau jeune homme dedans, un cocher poudré sur le siége, et un petit domestique qui n'était pas plus gros qu'un merle; mais il paraît que cette voiture-là n'était pas de la noce : elle s'est en allée.

— Je ne vois pas le fiacre, dit le curé, s'arrêtant encore, et se faisant un abat-jour de sa main.

— Oh! soyez tranquille, vous ne vous perdrez pas; nous allons vous accompagner jusqu'à la porte, monsieur le curé!

— Eh! Babolin! prends donc les devants, et va dire à M. Justin qu'il ne s'impatiente pas, que le curé qu'il attendait arrive.

Et le bonhomme qu'on avait désigné sous le nom de Babolin, et qui est le même que nous avons déjà vu apparaître deux fois, prit sa course, vers le haut du faubourg, en chantant sur un air de son invention :

Eh! oui, je vas lui dire, lui dire, lui dire...
Eh! oui, je vas lui dire, lui dire tout de même.

Le dialogue continuait.

— Vous n'êtes jamais venu chez les Justin, monsieur le curé?

— Non, mes bons amis, je ne suis jamais venu à Paris.

— Tiens! d'où êtes-vous donc?

— De la Bouille.

— De la Bouille! Où est cela? demanda une voix.

— Seine-Inférieure, répondit une autre voix à laquelle, plus tard, M. Prudhomme devait emprunter son accent de basse.

— Seine-Inférieure, en effet, reprit l'abbé Ducornet. C'est un charmant pays qu'on appelle le Versailles de Rouen.

— Oh! vous les trouverez bien logés! allez!

— Et surtout bien meublés... Il y a trois semaines que l'on ne voit passer que cela, des meubles.

Et des meubles que le roi Charles X n'en a pas de plus beaux aux Tuileries !

— Il est donc riche, ce bon M. Justin ?

— Riche ?... Riche comme un rat d'église!

— Eh bien ! alors, comment peut-il faire ?...

— Il y a des gens qui dépensent ce qu'ils ont, et puis d'autres ce qu'ils n'ont pas, dit un perruquier.

— Bon ! ne vas-tu pas dire du mal du pauvre maître d'école, parce qu'il se fait la barbe lui-même ?

— Oui, avec cela qu'il se la fait bien, la

barbe! il y a trois semaines, il avait au menton une entaille d'un demi-pouce.

— Tiens, dit un gamin, ami intime de Babolin, son menton est à lui : il peut y faire ce qu'il veut; personne n'a rien à dire; il y planterait des pois de senteur, que c'est son droit.

— Ah! dit l'abbé, je vois le fiacre jaune.

— Je crois bien que vous le voyez, répondit le gamin : il est gros comme la carcasse de la baleine du Jardin des Plantes ; seulement il est plus richement peint.

— Arrivez vite, monsieur le curé, dit Babolin, dont la mission était déjà remplie; on n'attend plus que vous.

— Allons! dit le curé, si l'on n'attend plus que moi, j'arrive.

Et le brave prêtre, faisant un effort, se trouva, en effet, au bout de cinq minutes, côte à côte avec le fiacre jaune; et en face de la porte d'entrée.

— C'est égal, murmura-t-il, c'est encore plus grand que la Bouille, et même que Rouen, Paris!

Justin et Mina l'attendaient sur la porte.

En voyant ces deux beaux jeunes gens, le prêtre s'arrêta et sourit.

— Ah! dit-il, en vérité, mon Dieu, vous les avez faits l'un pour l'autre!

Mina courut à lui, et lui sauta au cou comme au temps où le bon prêtre venait voir la mère Boivin, et où elle avait huit ans, elle.

Il l'embrassa, puis l'éloigna de lui pour la regarder.

Il n'eût jamais reconnu, dans cette belle jeune fille près de devenir une femme, l'enfant qu'il avait, six ans auparavant, expédié à Paris avec sa robe blanche, ses brodequins d'azur et sa ceinture bleue.

Mais il la reconnaissait à son affectueuse caresse.

On avait encore cinq minutes à attendre avant de partir pour l'église.

Le curé monta. On le fit entrer dans la chambre nuptiale, où étaient mère Corby, sœur Céleste, madame Desmarest, mademoiselle Suzanne de Valgeneuse et le vieux professeur.

— Notre cher curé de la Bouille, maman Corby, dit Mina ; — M. l'abbé Ducornet, madame.

— Oui, oui, dit l'abbé tout joyeux, et qui apporte la dot de sa pupille.

— Comment, la dot de sa pupille?

— Eh oui! Imaginez-vous qu'il y a trois jours, je reçois une lettre chargée avec le timbre d'Allemagne, et, dans cette lettre, un mandat de dix mille huit cents francs sur MM. Leclerc et Louis, banquiers à Rouen.

— Après? demanda Justin d'une voix altérée.

— Attendez! je procède par ordre : c'est le mandat que j'ouvre d'abord ; c'est du mandat que je vous parle d'abord.

— Oui, nous écoutons.

Madame Corby pâlissait visiblement.

Les autres personnes semblaient prendre au récit à peine commencé du bon prêtre un intérêt relatif, mais ne rien voir encore, pas même Mina, de ce qui commençait peut-être à apparaître déjà à Justin et à sa mère.

— Avec le mandat, continua le curé de la Bouille était une lettre.

— Une lettre ? murmura Justin.

— Une lettre ? répéta madame Corby.

— Ah ! ah ! une lettre ! fit le professeur, non moins ému que madame Corby et Justin.

— Une lettre que voici.

Et l'abbé déplia une lettre qui, en effet, portait un timbre étranger, et lut :

« Mon cher abbé,

» Un voyage que j'ai fait assez avant dans l'Inde pour que mes communications avec la France fussent interrompues est cause que, depuis neuf ans, vous n'avez pas reçu de mes nouvelles; mais je vous connais, mais je connais la digne madame Boivin, à qui j'avais confié mon enfant : Mina n'aura pas souffert pour cela.

» Aujourd'hui de retour en Europe, et retenu à Vienne par des affaires indispensables et qui peuvent durer encore quelque temps, je m'empresse de vous envoyer, par lettre de change de la maison Acrostein et Eskeles, sur la maison Leclerc et Louis de Rouen, la somme de dix mille huit cents francs dont je suis en retard avec vous.

» Vous recevrez désormais régulièrement, jusqu'à mon retour, dont je ne puis vous préciser la date, les douze cents francs promis pour la pension de ma fille.

« Vienne en Autriche, ce 24 janvier 1827.

» Le père de Mina. »

A ces derniers mots, tandis que Mina s'écriait en frappant joyeusement des mains :

— Oh ! quel bonheur, Justin ! papa vit encore !

Justin regardait sa mère, et, la voyant pâle comme une morte, il jetait un cri.

— Ma mère ! ma mère ! dit Justin.

L'aveugle se leva et vint à son fils, les bras étendus ; la voix l'avait guidée.

— Tu comprends, n'est-ce pas, mon fils, dit-elle d'une voix ferme, tu comprends ?...

Justin ne répondit pas, il sanglotait.

Mina regardait cette singulière scène sans y rien comprendre.

— Mais qu'avez-vous donc, maman Corby ? demanda-t-elle ; mais qu'as-tu donc, frère Justin ?

— Tu comprends, n'est-ce pas, mon pauvre cher enfant, tu comprends, continua la mère, que tu pouvais épouser Mina pauvre et orpheline ?...

— Mon Dieu! s'écria Mina, qui commençait à deviner.

— Mais tu comprends aussi que tu ne peux pas épouser Mina riche et dépendant d'un père?

— Ma mère, ma mère, s'écria Justin, ayez pitié de moi!

— Ce serait un vol, mon fils! dit l'aveugle en levant la main au ciel, comme pour adjurer Dieu ; et, si tu doutes, j'en appelle à tout ce qu'il y a d'honnêtes gens ici, et il n'y a que des honnêtes gens, j'espère.

Justin se laissa glisser aux genoux de sa mère

— Ah! tu me comprends, reprit l'aveugle, puisque te voilà à genoux!

Puis étendant les mains sur lui, et renversant sa tête en arrière, comme si elle eût pu voir le ciel :

— Mon fils, dit-elle, je te bénis pour la douleur, comme je t'avais béni pour la joie, et je serai, je l'espère, ta mère bien-aimée dans l'infortune, comme je l'eusse été dans la félicité.

— Oh! ma mère! ma mère! s'écria Justin, avec vous, avec votre appui, avec votre courage, oui, je ferai cela ; mais sans vous, oh! sans vous, je crois que j'eusse été un malhonnête homme !

— C'est bien, mon enfant! — Embrasse-moi, Céleste.

Céleste s'approcha.

— Reconduis-moi à mon fauteuil, mon enfant, dit-elle tout bas; je sens la force qui me manque.

— Mais qu'y a-t-il donc, mon Dieu! qu'y a-t-il donc? demanda Mina.

— Il y a... il y a, Mina, dit Justin, éclatant en sanglots, il y a que, jusqu'au jour où ton père donnera son consentement — et, probablement, il ne le donnera jamais! — il y a que nous ne pouvons être l'un pour l'autre qu'un frère et une sœur.

Mina jeta un cri.

— Oh! dit-elle, de quel droit mon père, qui m'a abandonnée depuis seize ans, vient-il me réclamer aujourd'hui ? Qu'il garde son argent; qu'il me laisse mon bonheur! qu'il me laisse mon pauvre Justin ! non pas comme un frère, mais, pardonnez-moi, mon Dieu! comme un époux!... Justin... oh ! oh!... Justin! Justin, mon bien-aimé! à moi! à moi ! ne m'abandonne pas!

Et la jeune fille, avec un dernier cri de douleur, tomba évanouie dans les bras de Justin.

Une heure après, Mina partait pour Versailles, tout éplorée, une main dans la main de son amie Suzanne, et la tête sur l'épaule de madame Desmarest.

Avant de monter en voiture, Suzanne avait eu le temps d'écrire au crayon, et de donner à un commissionnaire, un petit billet conçu en ces termes :

« Le mariage est manqué ! il paraît que Mina est riche et fille de quelqu'un.

» Nous retournons à Versailles avec la belle désolée.

» Onze heures du matin.

» S. de V. »

V

Résignation.

La désolée — comme la belle Suzanne de Valgeneuse appelait son amie — la désolée laissait derrière elle un cœur non moins désolé que le sien.

Ce cœur, c'était celui de Justin.

Nous nous trompons : il fallait dire *des cœurs.*

Ces cœurs, c'étaient ceux de Justin, de sa mère, du bon professeur, de sœur Céleste et du curé de la Bouille, qui ignorait le mal qu'il allait faire, et qui se croyait, dans la simplicité de son âme, un messager de la joie, quand, au contraire, il était le messager des douleurs.

Mais celle de tous qui avait le plus souffert, car elle avait souffert pour elle et pour son fils, c'était la mère.

Elle, si forte au commencement, elle avait été abattue avant la fin.

Avant les adieux, sans dire un mot,

sans pousser un cri, sans verser une larme, elle s'était insensiblement évanouie.

Aucun de ces égoïstes malheureux ne s'était aperçu de son évanouissement.

Celui qui s'en aperçut, parce qu'il lui semblait qu'une partie de son cœur agonisait, ce fut Justin.

— Ma mère! ma mère! s'écria Justin; mais voyez donc ma mère!

On se précipita vers l'aveugle, aux genoux de laquelle Justin était tombé, et qu'il enveloppait de ses bras.

Son visage était devenu couleur de cire; ses mains étaient froides comme le marbre; ses lèvres violettes.

C'était le dernier-né des espérances de sa vieillesse qui venait de mourir.

Ce qu'il y avait de terrible dans tout cela, c'est qu'il n'y avait pas moyen de rejeter la faute sur personne, de récriminer contre qui que ce fût.

Tout le monde avait eu bonne intention, même le pauvre curé de la Bouille.

C'était de la fatalité, voilà tout.

On courut chez le pharmacien, qui donna des sels.

A force de sels et de vinaigre, madame Corby revint à elle.

La première chose, non pas qu'elle vit,

pauvre aveugle! mais qu'elle sentit, ce fut son fils qui la consolait, — lui qui avait tant besoin d'être consolé!

Mais il ne s'apercevait pas de sa douleur, le bon Justin, lorsque quelqu'un souffrait près de lui, et que ce quelqu'un, surtout, c'était sa mère.

Il resta donc près de madame Corby, non-seulement jusqu'à ce qu'elle fût revenue à elle, mais encore jusqu'à ce qu'elle fût couchée.

Alors, comprenant le besoin que son fils avait de pleurer lui-même, et sentant qu'il n'osait pleurer devant elle, de peur de la pousser au désespoir, elle exigea qu'il se retirât chez lui.

Justin redescendit dans sa petite chambre; tout ce qu'il emporta du premier étage fut le chaperon de fleurs d'oranger, qu'en le quittant, Mina avait arraché de sa tête, et lui avait jeté.

Le bon professeur descendit avec Justin.

Quant au curé de la Bouille, il n'avait plus rien à faire à Paris; il reprit, à six heures du soir, la voiture de Rouen, remportant cet argent maudit qui venait de causer un si grand malheur.

Pendant qu'il s'éloignait de la grande Babylone où va bientôt se dérouler notre drame, Justin et son professeur étaient redescendus dans la chambre des écoliers, auxquels on avait donné congé à l'occasion de la grande solennité qui devait avoir lieu, et, en même temps, à cause du lundi gras, qui, par extraordinaire, cette année-là, tombait au commencement de février.

Le visage sombre de son élève inspirait au bon Müller une profonde terreur; il se mit, dans l'espérance de le distraire, à rappeler à Justin toutes ces vieilles histoires de collége, jusqu'au moment où il en fut arrivé à la rencontre de la petite fille.

Là, il voulut s'arrêter; mais ce fut Justin qui, à son tour, raconta bien minutieusement, jour par jour, la vie adorable qu'il avait menée depuis six ans.

— Nous avons été trop heureux! lui dit-il; de nombreux pressentiments m'ont averti qu'il fallait me préparer à payer cher, un jour ou l'autre, cette victoire que j'avais remportée sur mon mauvais destin... J'ai joui, pendant six ans, d'une félicité ineffable ; c'est à peu près le sixième de la vie : peu d'hommes peuvent en dire autant... J'ai oublié les joies de ces six ans; j'oublierai le malheur comme j'ai oublié la joie ; joies et douleurs se fondront, un jour, dans la teinte grise du passé. Ne soyez donc pas inquiet de moi, mon cher maître; ne me croyez jamais capable de quelque sombre résolution... Est-ce que je m'appartiens, d'ailleurs? est-ce que je ne me dois pas à ma bonne mère, à ma pauvre sœur? Non, non, cher maître, mon parti est bien arrêté : j'ai lutté contre la misère, je lutterai contre la douleur... Laissez pendant quelques jours ma blessure se cicatriser ; permettez surtout que je demeure seul ; il y a dans la solitude, pour les cœurs résignés, une religion inconnue : la résignation cher maître, c'est la force des faibles, et vous me verrez rentrer plus fort et plus éprouvé dans le combat de a vie !

Le vieux maître sortit, étonné, presque effrayé de la puissance de résignation de cet homme, mais rassuré complétement sur les suites de son désespoir.

Justin, après avoir reconduit M. Müller jusqu'à la porte de la rue, rentra dans sa chambre, et se promena lentement et longuement, les bras croisés, la tête basse, jetant de temps en temps les yeux au plafond, comme s'il eût voulu demander au ciel le mot de cette énigme qu'on appelle *fatalité !*

Deux ou trois fois il alla jusqu'à la porte de l'armoire où le violoncelle dormait dans sa boîte.

Mais il ne l'ouvrit même pas.

Ce soir-là, il était encore trop faible.

Jusqu'à trois heures du matin, il se promena ainsi; il n'avait pas pu pleurer depuis le matin.

Sa douleur se pétrifiait, pour ainsi dire, dans son sein, et l'étouffait. Il se jeta sur son lit; la fatigue l'emporta, il s'endormit.

La veille, il avait eu la même insomnie et le même sommeil : seulement c'était la joie qui avait tenu ses yeux ouverts; c'était la fatigue du bonheur qui les avait clos !

Heureusement, le lendemain était le mardi-gras, jour de congé : il était donc libre de s'isoler avec sa douleur, de la prendre à bras le corps, de lutter avec elle, de tenter de la terrasser.

La lutte dura toute la journée. Après avoir embrassé sa mère et sa sœur, il sortit au point du jour; il alla visiter de nouveau.

l'endroit où, par une belle nuit de juin, il avait trouvé l'enfant, couchée dans les blés et dans les fleurs.

Il n'y avait plus ni bluets, ni coquelicots, ni blonds épis; la terre était, comme son cœur, nue, dépouillée, gercée par l'hiver.

Il alla se promener dans ces bois de Meudon, si gais, si riants, si pleins de verdure, quand il s'y promenait avec son maître; il poussa jusqu'aux portes de Versailles.

A quoi bon revoir la pauvre enfant?

N'était-il pas sûr qu'elle pleurerait loin de sa vue? n'était-il pas sûr qu'à sa vue elle pleurerait bien davantage ?

D'espoir, il ne lui en restait aucun ! Il était clair pour lui que Mina appartenait à quelque famille riche et aristocratique ; et quelle chance y avait-il pour qu'on la lui donnât, à lui humble et pauvre ?

Il pouvait la voir, sans doute : mais c'est justement ce qu'il n'avait pas voulu faire.

Il rentra chez lui à dix heures du soir ; il avait fait quinze lieues dans sa journée, et ne ressentait pas la moindre fatigue.

Sa mère et sa sœur l'attendaient, inquiètes toutes deux.

Il rentra le visage souriant, les embrassa et descendit dans sa chambre.

La même chose se passa qui s'était passé

la veille : il se promena encore lentement, et tristement; il compta les heures jusqu'à minuit, puis, enfin, après s'être, comme la veille, arrêté deux ou trois fois devant l'armoire où était son violoncelle, il se décida à ouvrir la porte, tira l'instrument de sa boîte, et le regarda avec une mélancolie profonde.

La petite fille, on se le rappelle, par un caprice d'enfant, l'avait fait renoncer à jouer de ce sombre instrument; nous l'avons vu le toucher plusieurs fois, le tirer de sa boîte, le serrer entre ses genoux, s'enivrer de la mélodie absente, mais ne pas en tirer une seule note.

Aujourd'hui, il revenait à lui.

— J'ai été ingrat, dit-il, ô mon vieil ami ! ô mon tendre consolateur ! Je t'ai abandonné pendant mes jours de joie : je te retrouve pendant mes jours d'infortune !

Et il embrassa le violoncelle avec effusion.

— O source inépuisable de consolations ! reprit-il ; musique ! refuge des âmes éplorées, j'ai fait comme l'enfant prodigue : je t'ai quitté un jour, chère famille de mon âme ! j'ai été criblé de douleurs, et je reviens à toi, les pieds meurtris, l'âme brisée, et tu me tends les bras, harmonieuse déesse ! et tu me reçois le cœur plein de miséricorde et d'amour !

Et, comme il avait fait de l'instrument,

il tira de l'armoire son vieux livre de musique, le posa sur son pupitre, l'ouvrit, s'installa sur le haut tabouret, prit le violoncelle, et posa l'archet sur les cordes,

Au moment de jouer, deux larmes tombèrent de ses yeux.

Il posa l'archet sous son bras gauche, prit son mouchoir, essuya lentement ses paupières humides, et commença de jouer le même chant grave et mélancolique que Salvator et Jean Robert avaient entendu, deux heures avant le commencement de ce récit...

On sait comment Salvator avait frappé à la porte, comment les deux amis avaient été introduits par Justin, comment ils lui avaient demandé la cause de ses larmes, comment, enfin, le maître d'école avait consenti à leur raconter son histoire.

Cette histoire, c'était celle que nous venons de mettre sous les yeux de nos lecteurs.

Cette histoire, les deux jeunes gens l'avaient écoutée avec des impressions bien différentes.

Le poète avait été vivemement ému à certains endroits : la scène de la mère condamnant son fils au malheur, plutôt que de lui laisser commettre une action douteuse, lui avait fait venir les larmes aux yeux.

Le philosophe l'avait entendue, d'un

bout à l'autre, avec une insensibilité apparente ; seulement, au nom de mademoiselle Suzanne et de M. Lorédan de Valgeneuse, il avait tressailli ; on eût dit que ce n'était pas la première fois qu'il entendait prononcer ces noms, et chacun d'eux paraissait lui avoir fait, au moral, la même impression que fait, au physique, le contact d'un corps dur avec une blessure mal fermée.

— Monsieur, dit Jean Robert, nous serions indignes d'avoir entendu ce que vous venez de nous raconter, si nous essayions de donner à un homme comme vous de banales consolations... Voici nos adresses, si jamais vous avez besoin de deux amis ; nous vous demandons la préférence.

Et, en même temps, Jean Robert déchira une page de son portefeuille, y écrivit les deux noms et les deux adresses, et les donna à Justin.

Celui-ci les prit et les mit entre les pages de son livre de musique.

Là, il était sûr de les retrouver tous les jours.

Puis, il tendit ses deux mains aux deux jeunes gens.

Au moment où ces quatre mains se pressaient, on frappa violemment à la porte.

Qui pouvait frapper à cette heure ?

Justin était tellement dégagé de tout

autre intérêt que celui dont il se préoccupait, qu'il ne pensa pas même que ce coup frappé si vigoureusement pût l'être à son intention.

Il laissa les jeunes gens sortir, et, en sortant, ouvrir la porte au visiteur nocturne ou plutôt matinal, car les premiers rayons du jour commençaient à paraître.

Celui qui frappait à cette porte était un enfant de treize à quatorze ans, aux cheveux blonds frisés tout autour de la tête, aux joues roses, aux vêtements légèrement déguenillés.

Un véritable gamin de Paris, en blouse bleue, en casquette sans visière, avec des souliers éculés.

Il leva la tête pour voir qui venait lui ouvrir la porte.

— Tiens ! c'est vous, monsieur Salvator ! dit-il.

— Que viens-tu faire ici, à cette heure, monsieur Babolin ? demanda le commissionnaire en prenant amicalement le gamin par le collet de sa blouse.

— Ah ! j'apporte à M. Justin, une lettre que la Brocante a trouvée cette nuit, en faisant sa tournée.

— A propos de maître d'école, dit Salvator, tu sais que tu m'as promis de savoir lire au 15 mars ?

— Eh bien ! eh bien ! eh bien ! nous ne

sommes encore qu'au 7 février : il n'y a pas de temps perdu !

— Tu sais que, si tu ne lis pas couramment le 15, je te reprends, le 16, les livres que je t'ai donnés ?

— Même ceux où il y a des images ?... Oh ! monsieur Salvator !

— Tous sans exception !

— Eh bien ! tenez, vous voyez qu'on sait lire, dit l'enfant:

Et jetant les yeux sur l'adresse de la lettre, il lut :

« A monsieur Justin, faubourg Saint-
» Jacques, n° 20.

» Un louis de récompense à qui lui re-
» mettra cette lettre.

» Mina. »

L'adresse et l'apostille étaient écrites au crayon.

— Porte vite! porte vite, mon enfant! dit Salvator en poussant Babolin du côté de l'appartement du maître d'école.

Babolin traversa la cour en deux enjambées, et entra en criant :

— Monsieur Justin! monsieur Justin! une lettre de mademoiselle Mina !...

— Que faisons-nous ! demanda Jean Robert.

— Restons, répondit Salvator ; il est probable que cette lettre annonce un nouvel événement dans lequel notre assistance pourra être utile à ce brave jeune homme.

Salvator n'avait point achevé, que Justin apparaissait sur le seuil de sa porte, pâle comme un spectre.

— Ah! vous êtes encore là ! s'écria-t-il ; Dieu soit loué ! — Lisez, lisez...

Et il tendit la lettre aux deux jeunes gens.

Salvator la prit et lut :

« On m'enlève de force, on m'entraîne... je ne sais pas où ! A mon secours, Justin !

Sauve-moi, mon frère! ou venge-moi, mon époux!

» MINA. »

— Ah! mes amis! s'écria Justin, tendant les bras aux deux jeunes gens, c'est la Providence qui vous a conduits ici!

— Eh bien! fit Salvator à Jean Robert, vous demandiez du roman : j'espère qu'en voilà, mon cher!

VI

Au plus pressé par le plus court.

Les trois jeunes gens se regardèrent un instant.

La première minute était à la stupéfaction; la seconde fut, chez Salvator surtout, un retour au sangfroid.

— Du calme! dit-il ; l'affaire est grave, il s'agit de ne point agir en enfants.

— Mais on l'enlève! cria Justin, on l'emmène! elle m'appelle à son secours! elle demande que je la venge!

— Oui, parfaitement, et c'est pour cela qu'il faut savoir qui l'enlève et où on l'emmène.

— Oh! comment savoir cela? mon Dieu! mon Dieu!

— On sait tout avec du temps et de la patience, mon cher Justin. Vous êtes sûr de Mina, n'est-ce pas?

— Comme de moi-même.

— Eh! bien! soyez tranquille, elle saura se défendre. Allons au plus pressé par le plus court.

— Oh! oui, ayez pitié de moi... je deviens fou !

La résignation de Justin s'évanouissait devant cette idée, que Mina était aux mains d'un ravisseur quelconque, et pouvait être soumise à quelque violence physique ou morale.

— Babolin est là? demanda Salvator.

— Oui.

— Interrogeons-le.

— Interrogeons-le! répéta Justin.

— En effet, dit Jean Robert, c'est par là que nous devions commencer.

On rentra dans la chambre du maître d'école.

— D'abord, dit Salvator, donnez un louis à cet enfant pour sa mère, et une pièce de monnaie quelconque pour lui.

Justin tira deux louis et deux pièces de cinq francs de sa poche, et les donna à Babolin.

Mais Salvator s'empara de la main de l'enfant au moment où elle se fermait, la rouvrit de force, et, au grand désespoir de Babolin, en tira un louis et une pièce de cinq francs qu'il rendit à Justin.

— Remettez ces vingt-cinq francs dans votre poche, dit-il ; d'ici à une heure, vous en trouverez l'emploi.

Puis, se retournant vers l'enfant.

— Où ta mère a-t-elle trouvé cette lettre ? demanda-t-il.

— Plaît-il ? fit l'enfant d'un air boudeur.

— Je te demande où ta mère a trouvé cette lettre... quelles rues elle a *faites*.

— Est-ce que je sais cela ? Demandez-le-lui à elle-même.

— Il a raison, dit Salvator ; c'est à elle qu'il faut le demander, et il est même probable qu'elle compte sur votre visite... attendez! organisons bien nos batteries.

— Dirigez-nous : je vous obéirai.... Quant à moi, j'ai perdu la tête.

— Vous savez que vous pouvez disposer de moi, mon cher Salvator, dit Jean-Robert.

— Oui, et je compte bien aussi vous donner un rôle dans ce drame.

— Soit! et aussi actif que vous voudrez! J'ai eu mes émotions comme auteur; je ne suis pas fâché de les avoir comme acteur.

— Oh! je vous en prie, je vous en prie,

messieurs ! dit Justin regardant comme précieuse chaque minute qui s'écoulait.

— Vous avez raison... Voici ce qu'il faut faire.

— Dites !

— Monsieur Justin, vous allez suivre cet enfant chez sa mère.

— Je suis prêt.

— Attendez... Monsieur Jean-Robert, vous allez vous procurer un cheval tout sellé, et vous reviendrez avec lui rue Triperet numéro 11.

— Rien de plus facile.

— Moi, je vais faire la déclaration à la police.

— Y connaissez-vous quelqu'un?

— Je connais l'homme qu'il nous faut.

— Bien!... et puis?

— Et puis je vous rejoins rue Triperet, numéro 11, chez la mère de cet enfant, et, là, nous aviserons.

— Allons! viens, petit! dit Justin.

— Laissez d'abord un mot pour tranquiliser votre mère, dit Salvator; il est possible que vous ne rentriez que tard, et même que vous ne rentriez pas du tout.

— Vous avez raison, dit Justin; pauvre mère ! moi qui l'oubliais.

Et il traça à la hâte quelques lignes sur un papier qu'il laissa tout ouvert sur la table de sa chambre.

Il annonçait à sa mère, sans lui dire autre chose, qu'une lettre qu'il recevait à l'instant même réclamait l'emploi de sa journée.

— Et, maintenant, partons ! dit-il.

Les trois jeunes gens s'élancèrent hors de la maison ; il pouvait être six heures et demie du matin.

— Voilà votre chemin, dit Salvator en

indiquant de loin à Justin, la rue des Ursulines; voilà le vôtre, ajouta-t-il en montrant à Jean Robert la rue de la Bourbe, et voici le mien acheva-t-il en prenant la rue Saint-Jacques.

Puis, lorsqu'il eut fait une trentaine de pas, il se retourna en criant :

— Le rendez-vous est rue Triperet, numéro 11.

Suivons le héros principal des événements qui se passent à cette heure, et tandis que Jean-Robert court rue de l'Université faire seller son cheval, que Salvator se hâte de se rendre à la police, — suivons Justin Corby, qui s'avance vers la rue Triperet en marchant sur les talons de Babolin.

La rue Triperet est, comme chacun sait, ou plutôt comme chacun ne sait pas, une petite rue parallèle à la rue Copeau, et perpendiculaire à la rue Gracieuse.

Tout ce quartier rappelait encore, en 1827, le Paris de Philippe-Auguste. Les sentines boueuses qui circulent autour des murailles de Sainte-Pélagie donnent à cette prison l'air d'une antique forteresse bâtie au milieu d'une île ; ces rues, à peine larges de huit à dix pieds, étaient obstruées par des amas de fumier et de gravois ; enfin, les cloaques où végétaient les malheureux habitants de ces quartiers, ressemblaient bien plus à des chaumières qu'à des maisons.

Ce fut devant un de ces bouges que s'arrêta Babolin.

— C'est ici, dit-il.

L'endroit était infect, et suait, par tous les pores, la misère et l'impureté.

Justin n'y fit pas même attention.

— Marche devant, dit-il, et je te suivrai.

Babolin entra en bonhomme habitué, comme on dit, *aux êtres* de la maison.

Au bout de dix pas, Justin s'arrêta.

— Où es-tu? dit-il; je n'y vois pas!

— Me voilà, monsieur Justin, dit le gamin en se rapprochant du maître d'école, prenez le bas de ma blouse.

Justin prit le bas de la blouse de Babolin, et gravit pas à pas la haute échelle portant le nom prétentieux d'escalier, qui conduisait chez la Brocante.

Ils arrivèrent à la porte de son chenil, — et le logement de la Brocante paraissait, sous tous les rapports, justifier ce nom ; car, à peine sur le palier, on ententendit les abois glapissants d'une douzaine de chiens, jappant, hurlant, aboyant dans tous les tons de la gamme.

On eût dit une meute *qui en revoit.*

— C'est moi, mère, dit Babolin en se faisant un porte-voix de ses deux mains collées à l'orifice de la serrure ; ouvrez! je suis avec de la societé.

— Voulez-bien vous taire, tas d'enragés ! cria de l'intérieur de la chambre, et s'adressant à la meute, la voix de la Brocante ; on ne s'entend pas ici... Te tairas-tu, César !... Te tairas-tu, Pluton ! Silence, tous !

— Et, à ce commandement prononcé d'une voix menaçante, il se fit un silence tel, que l'on eût entendu trotter une souris dans cette maison où, au reste, les souris ne devaient pas manquer.

— Tu n'as qu'à pousser la porte ; le verrou n'est pas mis.

— Oh ! alors c'est autre chose.

Et Babolin, soulevant le loquet, poussa

la porte, qui donna passage à l'impatient Justin, et le mit en face d'un spectacle qui, sans être des plus poétiques, mérite cependant une description particulière.

Qu'on s'imagine en effet, une espèce de halle partagé e, dans sa longueur et dans sa largeur, par deux portes mises en croix, et destinées à soutenir la toiture de ce grenier, dont on avait fait une chambre ; un plafond composé de lattes servant de base aux tuiles du faîtage, et par les interstices desquelles on pouvait jouir des premières lueurs du jour ; à certains endroits, des renflements du toit si menaçants, qu'il était hors de doute que la couverture allait s'effondrer au premier vent d'orage ! qu'on s'imagine des murs en plâtre, gris et humides, le long desquels couraient des araignées solitaires, regardant avec dédain des peuplades d'insectes de tous les genres, — et l'on comprendra l'impression de dégoût qui eût saisi tout homme appelé dans un pareil endroit sous la puissance d'un sentiment moins impérieux que celui qui y attirait Justin.

Une douzaine de chiens, dogues, bassets, caniches, faux danois, grouillaient dans un des angles de la chambre, entassés tous les douze dans une vieille hotte où ils eussent tenu commodément quatre ou cinq tout au plus.

Sur l'angle que formaient les deux poutres, était perchée une corneille qui battait des ailes, sans doute comme une manifestation de sa joie pendant le concert des chiens.

Assise sur un escabeau, adossé au pied de la poutre qui, pareille à un pilier, soutenait tout ce chancelant édifice ; entourée d'un espèce de talus de chiffons de toutes étoffes et de toutes couleurs, qui montait contre la muraille jusqu'à la hauteur de trois ou quatre pieds, une femme d'une cinquantaine d'années en apparence, grande, maigre, osseuse, efflanquée comme une cavale de cabriolet, tenait agenouillée entre ses jambes une jeune fille dont elle peignait les longs cheveux noirs avec un soin qui dénotait chez la vieille bohémienne, ou une grande affection pour la jeune fille, où un grand respect pour la beauté de sa chevelure.

Cette scène, qui ne manquait pas de pittoresque, à cause surtout de l'opposition typique des personnages qui la composaient, était éclairée par une lampe de grès posé sur un mannequin retourné, et assez semblable, pour la forme, à ces lampes romaines retrouvées dans les fouilles d'Herculanum ou de Pompeia.

La vieille femme — sans doute celle que Babolin avait désignée sous le nom de la Brocante — était vêtue de loques brunes, puis d'étoffes ramassées de droite et de gauche, cousues côte à côte, et qui semblaient destinées, comme une montre de tailleur, à présenter un échantillon de toutes les nuances du brun.

La jeune fille agenouillée entre ses

jambes n'avait, elle, pour tout costume, qu'une longue chemise de toile écrue, pareille à celle dont Scheffer habille Mignon; cette chemise prenait la forme d'une blouse, serrée qu'elle était à la ceinture par une espèce de cordelière de coton gris et cerise, aux deux bouts de laquelle pendaient deux gros glands assez semblables à ceux qui servent aux embrasses de rideaux; le cou et la poitrine de l'enfant étaient cachés sous une écharpe de laine cerise toute déchirée, mais qui s'harmoniait avec la nuance foncée de la cordelière, autant que la laine peut s'harmonier avec le coton.

Ses deux pieds croisés, sur lesquels elle reposait accroupie, étaient nus.

C'étaient deux pieds charmants, deux pieds de princesse, d'Andalouse ou de bohémienne.

Quant à son visage, qu'elle tourna du côté de la porte, au moment où la porte s'ouvrit pour donner passage à Babolin et au maître d'école, quant à son visage, disons-nous, il avait cette pâleur maladive des pauvres fleurs étiolées de nos faubourgs : ses traits étaient d'une régularité, d'une pureté admirables; mais les contours amaigris de cette figure souffreteuse attristaient l'admiration! Les yeux cernés, la profondeur des orbites, les regards inquiets, les méplats des joues rentrés, au lieu d'être en saillie, la bouche entr'ouverte comme un souvenir de famine ou de terreur, le front grave, la voix douce et harmonieuse, les paroles rares de cette enfant de treize ans, tout concourait à donner à son aspect quelque chose d'étrange et de fantastique qui eût rappelé à notre ami Pétrus, s'il se fût trouvé en face de ce charmant modèle, l'idée qu'il s'était faite de Médée enfant ou de Circé adolescente.

Il ne manquait à cette jeune fille qu'une baguette d'or et l'encadrement de la Thessalie ou des Abbruzes, pour être une magicienne; il ne lui manquait qu'une tunique à fleurs de pourpre, que des perles autour des bras et dans les cheveux, pour être une enchanteresse; il ne lui manquait qu'une couronne de nymphéas et un char de nacre traîné par deux colombes pour être une fée.

Au reste, et afin de rentrer dans la funeste réalité, c'était — plus la poésie et une propreté étrange, au milieu de cette misère — c'était, disons-nous, l'incarnation de la parisienne de ces tristes faubourgs; le manque d'air, le manque de soleil, le manque de nourriture, l'absence de ces trois éléments de la vie était dénoncée en caractère ineffables sur tout le corps chétif de la pauvre créature.

Disons tout de suite, au risque d'entraver notre action — dont, au reste, l'histoire de Mina et de Justin n'est qu'un épisode — disons tout de suite ce que l'on savait de cette mystérieuse et poétique enfant.

Nous retrouverons Babolin et le maître d'école sur le seuil de la porte, où nous les laissons.

VII

Rose-de-Noël.

Un soir — c'était pendant la nuit du 20 août 1820, il était neuf heures à peu près, la Brocante revenait avec une petite charrette que Justin eût pu voir dans la cour, et un âne qu'il eût pu entendre braire dans l'écurie, la Brocante revenait, disons-nous, de vendre un lot de chiffons à la papeterie d'Essonne, lorsque, tout à coup, elle vit surgir sur le revers de la route, et comme si elle sortait du fossé, la silhouette d'un enfant qui se précipitait vers elle, les bras ouverts, la pâleur sur le front, la poitrine haletante, tout le corps frissonnant et empreint des signes de la plus profonde terreur, en criant :

— Au secours ! au secours ! sauvez-moi !

La Brocante était de cette race de bohêmes et de gitanos qui a pour instinct étrange d'enlever les enfants, comme les oiseaux de proie enlèvent les alouettes et les colombes ; elle arrêta son âne, sauta en bas de sa charrette, prit la fille entre ses bras, remonta avec elle, et fouetta son âne.

Et elle avait bien plus l'air, il faut le dire, en accomplissant cette action, d'une louve qui emporte un agneau que d'une femme qui sauve un enfant.

Cet événement, rapide comme la pensée, s'était accompli à cinq lieues de Paris, entre Juvisy et Fromenteau.

La petite fille venait par le côté gauche de la route.

Tout occupée de s'éloigner rapidement, la Brocante ne songea à examiner l'enfant qu'après avoir fait un quart de lieue, à peu près, au trot de son âne.

La petite fille était nu-tête; ses longs cheveux, dont les tresses s'étaient dénouées, ou dans la course qu'elle avait faite, ou dans la lutte qu'elle avait soutenue, pendaient derrière elle; son front était ruisselant de sueur; ses pieds attestaient une longue course à travers les champs, et sa robe blanche était toute sillonnée d'une rigole de sang qui s'échappait d'une blessure peu profonde par bonheur, et qui semblait avoir été faite ou plutôt essayée avec un instrument aigu et tranchant.

Une fois dans la charrette, la petite fille, qui paraissait âgée de cinq ou six ans au plus, avait — profitant de ce que la Brocante était occupée des deux mains à conduire et à fouetter son âne — glissé comme une couleuvre, des genoux de la vieille femme, sur le plancher de la charrette, et s'était réfugiée dans le coin le plus éloigné, répondant à toutes les questions par ces seules paroles :

— Elle ne court pas après moi, n'est-ce pas ? elle ne court pas après moi ?...

Sur quoi, la Brocante, qui semblait craindre tout autant que la petite fille d'être poursuivie, sortait furtivement la tête de sa charrette, couverte d'une bâche de toile, regardait sur la route, et, la voyant solitaire, rassurait l'enfant, chez laquelle la terreur paraissait si grande, que le fait matériel de sa blessure et de la douleur qu'elle en devait éprouver, n'était qu'un détail presque oublié.

Vers minuit — tant la Brocante, secondant l'ardeur de la jeune fille, avait échauffé le pas de son âne — vers minuit on arriva à la barrière de Fontainebleau.

Arrêtée à la grille par les employés de l'octroi, la Brocante n'avait eu qu'à passer la tête et à dire : « C'est moi, la Brocante, » et comme les employés de l'octroi avaient l'habitude de la voir passer, une fois par mois, avec son chargement de chiffons, et revenir le lendemain avec sa charrette vide, ils s'étaient éloignés aussitôt; et l'âne, la charrette, la vieille femme et la petite fille avaient fait leur entrée dans la ville.

Puis, par la rue Mouffetard et la rue de la Clef, ils avaient gagné la rue Triperet, qui, si nous en croyons une vieille enseigne encore existante aujourd'hui, devrait s'écrire *la rue Trippret.*

Quant à la jeune fille, accroupie ou plutôt roulée sur elle-même dans le coin le plus reculé de la charrette, elle n'avait, nous l'avons dit, donné d'autres signes d'existence que de demander de temps en temps à la Brocante, d'une voix pleine d'une inexprimable angoisse :

— Elle ne court das après moi, n'est-ce pas ? elle ne court pas après moi ?...

A peine descendue de la voiture, elle s'élança dans l'allée, et, comme si elle eût eu la faculté de voir la nuit, gagna l'escalier, et en franchit les degrés aussi rapidement qu'eût pu le faire le chat le plus agile.

La Brocante monta derrière elle, ouvrit la porte de son bouge, et lui dit :

— Entre là, petite! personne ne sait que tu es ici ; sois donc tranquille.

— Elle ne viendra pas m'y chercher, alors? demanda l'enfant.

— Il n'y a pas de danger !

Et la petite se glissa comme une belette par la porte entr'ouverte.

La Brocante tira la porte, et la ferma à clé ; puis elle descendit pour mettre sa charrette sous le hangar, et son âne à l'écurie.

En remontant elle prit les mêmes précautions, refermant la porte derrière elle, et poussant le verrou.

Puis elle alluma un bout de chandelle empalé sur l'éclat d'une bouteille cassée, et s'éclairant de cette pâle lumière, elle chercha la pauvre petite fugitive.

Celle-ci avait été à tâtons jusqu'à l'angle le plus reculé du grenier, et, là, elle s'était mise à genoux, et disait tout ce qu'elle savait de prières.

La Brocante alors l'appela.

Mais la petite fille lui fit, de la tête, un signe de refus.

La Brocante alla la prendre par la main, et l'attira à elle.

L'enfant vint, mais avec une répugnance marquée.

La vieille l'attirait à elle pour l'interroger.

Mais, à toutes ses questions, l'enfant ne répondit rien que ces mots :

— Non, elle me tuerait !

Ainsi la Brocante ne put savoir ni de quel pays était l'enfant, ni quels étaient ses parents, ni quel était son nom, ni pourquoi on voulait la tuer, ni qui lui avait fait la blessure qu'elle avait à la poitrine.

La petite garda près d'une année un mutisme absolu ; seulement, pendant son sommeil, agitée d'un songe terrible, en proie à quelque cauchemar effroyable, elle s'écria une fois :

— Ah ! grâce ! gârce, madame Gérard ! je ne vous ai pas fait de mal ; ne me tuez pas.

Tout ce que l'on sut donc, c'est que la

femme qui avait voulu la tuer s'appelait Gérard.

Quand à l'enfant, comme il fallait l'appeler d'un nom quelconque, et qu'elle était aussi pâle que ces roses qui fleurissent au milieu de l'hiver, la Brocante, sans se douter du baptême de poésie qu'elle lui donnait, l'appela *Rose-de-Noël*.

Ce nom lui était resté.

Le soir même, voyant que l'enfant ne voulait rien dire, la Brocante, dans l'espoir qu'elle serait un peu plus loquace le lendemain, lui avait montré l'espèce de grabat sur lequel était couché un enfant d'un an ou deux plus âgé qu'elle, et lui avait dit de prendre place près de l'enfant.

Mais elle avait refusé obstinément : la couleur du matelas, la saleté des couvertures répugnaient à la petite fille, que son linge fin et la coupe élégante de sa robe indiquaient comme appartenant à des parents riches.

Elle avait pris une chaise, l'avait appuyée à la muraille, et s'y était assise, disant qu'elle serait très bien là.

En effet, elle passa la nuit sur cette chaise.

Au jour seulement, elle s'endormit,

Vers six heures du matin, pendant que l'enfant dormait, la Brocante se leva et sortit.

Elle allait rue Neuve-Saint-Médard acheter un vêtement complet pour la petite fille.

La rue Neuve-Saint-Médard, c'est le Temple du quartier Saint-Jacques.

Ce vêtement complet se composait d'une robe de cotonnade bleue à pois blancs, d'un mouchoir jaune à fleurs rouges, d'un de ces bonnets d'enfant qu'on appelle des bonnets à trois pièces, de deux paires de bas de laine, et d'une paire de souliers.

Le tout avait coûté sept francs.

La Brocante espérait bien vendre la défroque de la petite fille quatre fois cette somme.

Une heure après, elle était rentrée avec son emplette, et avait retrouvé la petite fille toujours accroupie sur sa chaise de paille, et résistant à tous les marivaudages que lui faisait Babolin pour la décider à jouer avec lui.

Quand la clé tourna dans la serrure, la petite fille trembla de tous ses membres; quand la porte s'ouvrit, elle devint pâle comme la mort.

En la voyant près de s'évanouir, la Brocante lui demanda ce qu'elle avait.

— J'ai cru que c'était elle ! répondit la jeune fille.

Elle !... Ainsi, c'était bien décidément une femme qu'elle fuyait.

La Brocante étala sur son escabeau sa robe bleue, son fichu jaune, son bonnet, ses bas et ses souliers.

L'enfant la regardait faire avec inquiétude.

— Allons, viens ici ! dit la Brocante à la petite fille,

La petite fille, sans bouger de sa chaise, indiqua les vêtements du doigt.

— Ce n'est pas pour moi, ces habits? dit-elle d'un air dédaigneux.

— Et pour qui donc? demanda la Brocante.

— Je ne les mettrai pas, répondit l'enfant.

— Tu veux donc qu'elle te reconnaisse, alors?

— Non, non, non, je ne le veux pas !

— En ce cas, il faut mettre ces habits,

— Et, avec ces habits, elle ne me reconnaîtra pas ?

— Non.

— Alors, mettez-les-moi tout de suite.

Et, sans faire de difficulté, elle se laissa ôter sa jolie robe blanche, ses bas fins, ses jupons de batiste, et ses souliers mignons.

— Au reste, tout cela taché de sang : il fallait promptement le laver, pour ne pas exciter les soupçons des voisins.

La jeune fille revêtit les habits que lui avait achetés la Brocante, humble livrée de misère, symbole patent de la vie qui l'attendait.

La Brocante lava les vêtements de l'enfant, les fit sécher, et les vendit trente francs.

C'était déjà une bonne affaire.

Mais la vieille sorcière espérait bien en faire un jour une meilleure en découvrant les parents de l'enfant, et en la rendant, ou plutôt en la vendant à sa famille.

Cette même répugnance qu'avait éprouvée la petite fille à mettre des vêtements d'une condition inférieure, elle la manifesta lorsqu'il s'agit de partager les repas de la famille.

Un reste de viande réchauffée dans un

poêlon, un morceau de pain noir acheté au rebut, ou mendié par la ville, tel était l'ordinaire de la Brocante et de son fils.

Babolin, qui n'avait jamais mangé à une autre table que celle de sa mère, n'avait pas de désirs gastronomiques au-dessus de sa condition.

Mais il n'en était pas de même de Rose-de-Noël.

Sans doute elle avait été habituée, pauvre enfant, à manger des mets recherchés, avec de l'argenterie, dans des assiettes et des plats de porcelaine, car elle se contenta de jeter un regard sur le déjeûner de Babolin et de la Brocante, et dit :

— Je n'ai pas faim:

Au dîner, ce fut de même.

La Brocante comprit que l'élégante enfant se laisserait plutôt mourir de faim que de toucher à sa cuisine.

— Qu'est-ce qu'il te faut donc ? lui demanda-t-elle ; des faisans aux oranges ou des poulardes truffées ?

— Je ne demande ni poulardes truffées, ni faisans aux oranges, répondit la petite fille ; mais je voudrais bien un morceau de pain blanc, comme on en donnait chez nous le dimanche aux pauvres.

La Brocante, toute dure qu'elle était, fut touchée de cette réponse, si simple et en même temps si plaintive; elle donna un sou à Babolin.

— Va chercher un petit pain chez le boulanger de la rue Copeau, dit-elle.

Babolin prit le sou, ne fit qu'un bond par les escaliers, qu'un saut de la rue Triperet à la rue Copeau, et revint au bout de cinq minutes, apportant un petit pain à mie blanche et à croûte dorée.

La pauvre Rose-de-Noël avait grand'-faim; elle le dévora jusqu'à la dernière miette.

— Eh bien, cela va-t-il mieux ? demanda la Brocante.

— Oui, madame, et je vous remercie, dit l'enfant.

Personne n'avait jamais eu l'idée d'appeler la Brocante *madame*.

— Belle madame ! dit-elle. Et maintenant, mademoiselle Précieuse, que voulez-vous pour votre dessert ?

— Je voudrais bien un verre d'eau, répondit la petite fille.

— Donne le pot, dit la Brocante à son fils.

Et Babolin apporta un pot sans anse, et tout égueulé qu'il présenta à la petite fille.

— Vous buvez là-dedans ? dit-elle d'une voix douce à Babolin.

— C'est-à-dire que c'est la mère qui boit là-dedans ; moi je bois à la régalade.

Et élevant le pot à un demi-pied au-dessus de sa tête, il en fit découler un filet d'eau qu'il reçut dans sa bouche avec une adresse qui dénotait l'habitude qu'il avait de cet exercice.

— Je ne boirai pas, dit l'enfant.

— Pourquoi donc ? dit Babolin.

— Parce que je ne sais pas boire comme vous.

— Bon ! tu vois bien qu'il faut un verre à mademoiselle, dit la Brocante en haussant les épaules. Si cela ne fait pas pitié !

— Un verre ? dit Babolin ; il doit y en avoir un ici quelque part.

Et, après avoir cherché un instant, il découvrit un verre dans un coin.

— Tiens, dit-il en emplissant le verre d'eau, et en le présentant à la jeune fille, bois !

— Non, dit-elle, je ne boirai pas.

— Et pourquoi ne boiras-tu pas?

— Parce que je n'ai pas soif.

— Mais si tu as soif, puisque tu as demandé à boire tout à l'heure.

La jeune fille secoua la tête.

— Tu vois bien que nous sommes des goujats, dit la mère, et que mademoiselle ne saurait boire ni dans nos pots, ni dans nos verres.

— Non, quand ils sont sales, dit doucement la jeune fille ; et cependant... j'ai bien soif! ajouta l'enfant en fondant en larmes.

Babolin descendit comme il avait fait la première fois, courut à la fontaine voisine, lava le verre à trois ou quatre reprises, et le rapporta, transparent comme un cristal de Bohême, et plein d'une eau fraîche et limpide.

— Merci, monsieur Babolin, dit la petite fille.

Et elle avala le verre d'eau d'un seul trait.

— Oh ! *monsieur* Babolin ! s'écria le gamin en faisant la roue. Dis donc, la mère, quand nous irons chez Croc-en-Jambe, on annoncera : *monsieur* Babolin et *madame* Brocante !

— Pardon, répliqua la petite, on m'a appris à dire monsieur et madame ; je ne le dirai plus, si ça n'est pas bien.

— Si, mon enfant, si, c'est bien, dit la Brocante, subjuguée malgré elle par cette supériorité de l'éducation que les gens du peuple raillent quelquefois, mais qui, cependant, produit toujours sur eux son effet.

Le soir, la même scène que la veille se présenta pour le coucher.

La mère et le fils couchaient sur un seul matelas jeté au milieu des chiffons, dans un coin de la pièce.

Rose-de-Noël refusa constamment de prendre place à côté d'eux.

Cette nuit encore elle coucha sur sa chaise.

Le lendemain, la Brocante fit un effort.

Elle mit dans sa poche les trente francs, prix des vêtements de l'enfant, sortit, acheta une couchette de quarante sous, un matelas de dix francs, — un peu mince, mais propre, — un traversin de trois francs cinquante centimes, deux paires de drap de madapolam, et une couverture de coton; le tout d'une irréprochable blancheur.

Elle fit tout apporter dans son grenier.

Elle en avait juste pour vingt-trois francs : elle était au pair avec la petite fille.

— Oh! le joli petit lit blanc! s'écria l'enfant, lorsqu'elle vit la couchette dressée et garnie.

— C'est pour vous mademoiselle Précieuse, dit la Brocante ; puisqu'il paraît que vous êtes une princesse, on vous traite en princesse, quoi!

— Je ne suis pas une princesse, répondit la petite fille ; mais, là-bas, j'avais un lit blanc.

— Eh bien, vous en aurez un ici comme là-bas... Êtes-vous contente ?

— Oui, et vous êtes bien bonne ! dit la petite fille.

— Maintenant, où allez-vous loger ? ne faudra-t-il pas vous louer rue de Rivoli, un premier au-dessus de l'entre-sol ?

— Voulez-vous me donner ce coin-là ? demanda la petite fille.

Et elle indiquait un renfoncement du grenier qui faisait une espèce de cabinet empiétant sur le grenier voisin.

— Et cela vous suffira ? demanda la Brocante.

— Oui, madame, répondit l'enfant avec sa douceur accoutumée.

On poussa la couchette dans le coin.

Peu à peu, le coin se meubla et devint une espèce de chambre.

La Brocante était loin d'être aussi pauvre qu'elle en avait l'air ; seulement, elle était horriblement avare, et l'argent lui coûtait à sortir de la cachette où elle le mettait.

Mais la Brocante avait une industrie : elle tirait les cartes.

Au lieu de se faire payer en argent par les consultants — ce qui n'était pas sans difficulté dans un quartier aussi pauvre que celui qu'elle habitait — elle eut l'idée de se faire payer en nature.

A la fripière, elle demanda un rideau de toile de Perse ; à l'ébéniste, une petite table ; au marchand de bric à brac, un tapis ; de sorte que le coin de Rose-de-Noël se trouva meublé au bout d'un mois, et que l'angle qu'elle habitait dans le grenier s'appela le Reposoir.

Rose-de-Noël était heureuse ou à peu près.

Nous disons *à peu près*, parce que sa robe de cotonnade bleue, son mouchoir jaune à fleurs rouges, ses bas de laine et son bonnet à trois pièces lui déplaisaient fort.

Aussi, au fur et à mesure que ces objets s'usaient, Rose-de-Noël se faisait une espèce de toilette à elle.

C'étaient, d'abord et avant tout, ses cheveux, qu'elle peignait avec un soin extrême, et qui étaient si longs, qu'en les rejetant en arrière, elle marchait sur leurs extrémités avec ses talons.

Puis, tantôt une chemise en étoffe écrue nouée autour du corps avec quelque cordelière improvisée, tantôt un turban fait avec une écharpe de couleur vive, tantôt un vieux châle dont elle se drapait comme dans un manteau, tantôt une branche d'aubépine dont elle se faisait une couronne parfumée ; mais, telle qu'elle s'habillait enfin, toujours son habillement pittoresque se rapprochait de quelque type où le peintre eût trouvé son compte, soit qu'il eût à reproduire la créole des Antilles, la gitana d'Espagne, ou la druidesse des Gaules.

Seulement, comme la jeune fille ne sortait jamais ; comme le soleil ne pénétrait dans le grenier que par d'étroites ouvertures ; comme elle ne mangeait que du pain et ne buvait que de l'eau ; comme le froid pénétrait de tous côtés dans le bouge de la Brocante ; comme, enfin, ne faisant pas de différence entre l'été et l'hiver elle était toujours vêtue à peu près de la même façon, par dix degrés de froid ou vingt-cinq degrés de chaleur, elle avait cet aspect maladif et souffreteux que nous avons essayé de peindre; sans compter que, de temps en temps, une toux sèche, qui amenait sur les joues de Rose-de-Noël une couleur plus vive, chaque fois qu'elle se produisait, annonçait que le logement misérable qui la couvrait sans l'abriter avait déjà eu sur sa santé une influence fatale, et pouvait, dans l'avenir, avoir sur elle une influence plus fatale encore.

De sa famille et de l'événement terrible qui avait amené sa rencontre avec la Brocante — laquelle en était arrivée à aimer la pauvre enfant autant qu'elle était capable d'aimer — on n'en avait jamais plus parlé que ce que nous avons dit.

Voilà quelle était Rose-de-Noël, c'est-à-dire l'enfant qui se tenait agenouillée entre les genoux de Brocante, au moment où Babolin et le maître d'école parurent sur le seuil de la porte.

VIII

Sinistra cornix.

Le spectacle qui frappait les yeux de Justin était donc capable d'attirer l'attention d'un homme moins absorbé qu'il ne l'était dans une seule pensée : celle de Mina enlevée et l'appelant à son secours.

Il entra dans le grenier, insensible à toute autre idée que celle qui lui serrait le cœur.

— Mère, dit Babolin précédant le jeune homme, comme un interprète précède celui pour lequel il est chargé de porter la parole; voici monsieur Justin, le maître d'école, qui a voulu venir lui-même en personne, pour vous demander, à vous, des choses que je n'ai pas pu lui dire.

La vieille sourit en femme qui s'attendait à cette visite.

— Et le louis? demanda-t-elle à demi-voix.

— Le voilà, répondit Babolin en lui glissant la pièce d'or dans la main; mais vous devriez bien en acheter une bonne douillette à Rose-de-Noël.

— Merci, Babolin, dit la petite fille en tendant son front au gamin, qui l'embrassa fraternellement; mais je n'ai pas froid.

Et, en disant ces mots, elle toussa deux ou trois fois d'une façon qui démentait péremptoirement les paroles qu'elle venait de prononcer.

Mais, nous l'avons dit, tous ces détails, qui eussent frappé un autre que Justin, n'existaient point pour lui, ou n'existaient qu'à l'état de ces vapeurs matinales qui, s'élevant entre le voyageur et le but qu'il veut atteindre, voilent ce but sans le lui cacher.

— Madame... dit-il.

— Au mot de *madame,* la Brocante releva la tête pour voir si c'était bien à elle que l'on s'adressait.

Justin était la seconde personne qui l'eût appelée *madame;* la première était Rose-de-Noël.

— Madame, dit Justin, c'est vous qui avez trouvé cette lettre?

— Mais, dame, il paraît, dit la Brocante, puisque c'est moi qui vous l'ai envoyée.

— Oui, dit Justin, et je vous en suis bien reconnaissant ; seulement, je voulais vous demander où vous l'avez trouvée.

— Dans le quartier Saint-Jacques, à coup sûr.

— Je voulais savoir dans quelle rue.

— Je n'ai pas regardé l'écriteau ; mais ça devait être dans les environs, comme cela, de la rue Dauphine à la rue Mouffetard.

— Voyons, dit Justin, rappelez bien vos souvenirs, je vous en supplie !

— Ah! décidément, dit la Brocante, je crois que c'est dans la rue Saint-André-des-Arcs.

Pour un observateur plus familier que Justin avec cette espèce de bohême à laquelle il avait affaire, il eût été évident que la Brocante battait la campagne dans une intention arrêtée d'avance.

Justin crut comprendre.

— Tenez, dit-il, voici pour aider vos souvenirs.

Et il lui donna un autre louis.

— Voyons, mère, dit Babolin, fais donc la charité à M. Justin de ce qu'il te demande; M. Justin, ce n'est pas tout le monde, et il est joliment considéré dans le quartier Saint-Jacques, va!

— De quoi te mêles-tu, gamin? dit la vieille; va donc voir au puits qui parle si j'y suis!

— Ah! comme vous voudrez, reprit Babolin; au bout du compte, M. Justin m'a dit de l'amener ici : il y est; qu'il s'en tire comme il pourra! il est assez grand pour faire ses affaires lui-même.

Et il s'en alla jouer avec les chiens.

— Brocante, dit Rose-de-Noël de sa voix douce et harmonieuse, vous voyez que ce jeune homme est très inquiet et très tourmenté; dites-lui, je vous en prie, ce qu'il désire savoir.

— Oh! je vous en conjure, mon bel enfant, fit le maître d'école en joignant les mains, priez pour moi!

— Elle va le dire, reprit Rose-de-Noël.

— Elle va le dire! elle va le dire!... Certainement que je vais le dire, murmura la vieille, comme obéissant à une puissance supérieure ; tu connais bien mon faible ; tu sais bien que je ne peux rien te refuser.

— Eh bien, madame, demanda Justin en maîtrisant avec peine son impatience, un effort de mémoire ! rappelez-vous... rappelez-vous, au nom du ciel !

— Je crois que c'était... Oui c'était bien là ; maintenant j'en suis sûre... D'ailleurs, on pourrait recourir aux cartes.

— Alors, dit Justin, comme se parlant à lui-même, et sans faire attention aux dernières paroles de la Brocante, ils auront traversé la Seine au Pont-Neuf, et se rendaient probablement à la barrière Fontainebleau ou à la barrière Saint-Jacques.

— Justement, dit la Brocante.

— Comment le savez-vous? dèmanda le jeune homme.

— Je dis *justement*, comme j'aurais dit *probablement*.

— Écoutez, reprit Justin, si vous savez quelque chose, au nom du ciel, dites-moi ce que vous savez !

— Je ne sais rien, dit la Brocante, sinon

que j'ai trouvé sur la place Maubert une lettre à votre adresse, et que je vous l'ai envoyée.

— Brocante, dit Rose-de-Noël, vous êtes une méchante femme ! vous savez encore autre chose, et vous ne le dites pas.

— Non, fit la Brocante, je ne sais rien de plus.

— Vous avez tort de renvoyer monsieur comme vous le faites, mère : c'est un ami de M. Salvator.

— Je ne renvoie pas monsieur ; je lui dis que je ne sais pas la chose qu'il demande ;

seulement, quand on ne sait pas une cnose, il faut la demander à celles qui la savent.

— A qui faut-il la demander, cette chose ? Dites vite !

— A celles qui savent tout : aux cartes.

— C'est bien, dit le maître d'école, merci ; ce que vous m'avez dit est toujours bon à savoir, et je vais rejoindre M. Salvator à la police.

En disant ces mots, le jeune homme fit quelques pas vers la porte.

Mais la Brocante se ravisant sans doute :

Monsieur Justin, dit-elle.

Le jeune homme se retourna.

La vieille lui montra du doigt la corneille, qui battait des ailes au-dessus de sa tête.

— Voyez l'oiseau, dit-elle, voyez l'oiseau.

— Je le vois, répondit Justin.

— Il bat des ailes, n'est-ce pas?

— Oui.

— C'est bien, voilà tout ; du moment où l'oiseau a battu des ailes, c'est qu'il n'y a pas grand espoir.

— Mais est-ce que ces battements d'ailes ont une signification ?

— Jésus Dieu ! vous demandez cela ? un homme instruit comme vous, un maître d'école qui sait que la corneille est un oiseau prophète !

— Eh bien, voyons, que signifient les battements d'ailes de votre oiseau ?

— Ils signifient... ils signifient que vous ne trouverez pas sitôt la personne que vous cherchez ; car vous êtes à la recherche de quelqu'un.

— Oui, et je donnerais tout ce que je possède pour retrouver la personne que je cherche.

— Eh bien, vous le voyez, l'oiseau sait cela aussi bien que vous et moi.

— Mais, enfin, ces battements d'ailes, que veulent-ils dire?

— Ces battements d'ailes... ces battements d'ailes, voyez-vous, c'est l'image de vos peines : comme cet oiseau bat des ailes, ainsi vous vous débattez dans le vide; il a battu des ailes trois fois, une année par fois; c'est trois ans que vous emploierez à cette recherche. Je vous conseille donc, au nom de l'oiseau, de ne pas commencer des démarches incertaines, tant que les cartes n'auront point parlé.

— Eh bien, voyons, dit Justin, qu'elles parlent donc!

Et, comme un homme près de se noyer se raccroche à toutes les branches, Justin revint sur ses pas, tout disposé à croire les cartes, pour peu que ce que les cartes allaient lui dire eût l'apparence de la vérité.

— Voulez-vous le petit jeu ou le grand jeu? demanda la Brocante.

— Faites comme vous voudrez... Voici un louis.

— Oh! vous aurez le grand jeu, alors, et la réussite de Cagliostro ! Donne-moi mon grand jeu, Rose, dit la Brocante.

La jeune fille se leva; elle était svelte, élancée, flexible comme un palmier ; elle alla prendre le jeu de cartes au fond du tiroir d'un vieux bahut perdu dans un coin, et le présenta à la vieille, de ses petites mains maigres et effilées, mais blanches, mais aux ongles soignés comme ceux d'une petite maîtresse.

Malgré l'habitude qu'il avait sans doute de voir ces expériences cabalistiques, Babolin se rapprocha de la vieille, s'accroupit sur le parquet, les jambes croisées, et s'apprêta à regarder, avec une admiration naïve, la scène de magie qui allait s'accomplir.

La Brocante tira de derrière elle une grande planche de sapin en forme de fer à cheval, qu'elle posa sur ses genoux.

— Appelle Pharès, dit-elle à la jeune fille en désignant, d'un mouvement de tête, l'oiseau perché sur la poutre, et qui répondait à ce nom emprunté à l'un des trois mots cabalistiques du festin de Balthazar.

La corneille avait cessé de battre des ailes, et semblait attendre le moment de jouer son rôle dans la scène qui se préparait.

— Pharès! chanta la jeune fille en donnant à cette appellation toute la douceur de sa voix.

La corneille sauta de la poutre sur l'épaule droite de la jeune fille, qui s'accroupit devant la vieille, inclinant un peu de son côté l'épaule sur laquelle était placé l'oiseau.

Alors, la Brocante poussa une note étrange, qui venait à moitié du gosier et à moitié des lèvres, et participait à la fois du sifflet et du cri.

A ce son perçant, les douze chiens, d'un seul bond, et en se heurtant les uns les autres, s'élancèrent de leur hotte, et, en véritables chiens savants qu'ils étaient, vinrent se placer à droite et à gauche de la magicienne, s'asseyant sur leur derrière avec la gravité de docteurs prêts à entamer une discussion théologique, et formant autour de la table un cercle parfait au centre duquel se trouvait la Brocante.

Quand ces préparatifs, apparemment nécessaires, furent bruyamment achevés de la part des chiens, qui, pendant toute la manœuvre, poussaient des cris lugubres, le silence s'établit.

La Brocante regarda successivement l'oiseau et les chiens, et, quand cette revue fut passée, elle prononça d'une voix solennelle des syllabes empruntées à une langue étrangère, inconnue peut-être d'elle-même, que des Arabes eussent pu prendre pour du français, mais que des Français n'eussent certainement pas pris pour de l'arabe.

Nous ignorons si Babolin, Rose-de-Noël et Justin comprirent le sens de ces paroles; mais, ce que nous pouvons affirmer, c'est qu'il fut compris des douze chiens et de la corneille, à en juger par les jappements égaux et rhythmés des chiens, et par le cri perçant de l'oiseau, cri imité lui-même de la note rauque qu'avait poussée la vieille pour appeler sa meute.

Puis, les jappements finis, le cri de l'oiseau éteint, les chiens, qui s'étaient tenus respectueusement assis sur leur derrière en se regardant mélancoliquement les uns les autres, les chiens se couchèrent.

Quant à la corneille, elle sauta de l'épaule de Rose-de-Noël sur la tête de la vieille, et s'y cramponna, enfonçant ses serres dans les cheveux gris de la Brocante.

Le tableau, alors, se fût présenté ainsi à un peintre d'intérieur.

Le grenier sombre, rayé seulement de quelques traînées de jour, s'infiltrant à grande peine par les rares ouvertures.

La vieille assise, avec les chiens étendus en cercle autour d'elle : Babolin couché à ses pieds ; Rose-de-Noël debout, le long du pilier.

Ce groupe éclairé par la lueur rougeâtre de la lampe de terre.

Justin debout, pâle, impatient, à moitié perdu dans la pénombre.

La corneille battant de temps en temps des ailes, poussant ses cris sinistres, et rappelant la fable du *Corbeau qui veut imiter l'aigle.*

Seulement, à la différence du corbeau, qui avait les serres prises dans la laine blanche du mouton, la corneille avait les serres prises dans les cheveux gris de la vieille.

Le tableau était fantastique, étrange, et eût eu prise même sur une imagination moins échauffée que celle de Justin.

Éclairée, comme nous l'avons dit, par la lueur fumeuse et rougeâtre de la lampe, la sorcière étendit le bras en l'air, et décrivit, avec ce membre nu et décharné, des cercles gigantesques.

— Silence tous ! dit-elle ; les cartes vont parler.

Chiens et corneille se turent.

Alors, par la voix enrouée de la Brocante, les cartes commencèrent leurs mystérieuses révélations.

D'abord, la vieille sibylle battit les cartes, et les fit couper de la main gauche à Justin.

— Il est bien entendu, dit-elle, que vous venez demander ici des nouvelles d'une personne que vous aimez?

— Oh! que j'adore! dit Justin.

— Bien!... vous êtes le valet de trèfle c'est-à-dire un jeune homme entreprenant et adroit.

Justin sourit tristement : l'initiative et l'adresse, c'étaient, au contraire, les deux qualités qui lui manquaient essentiellement.

— *Elle*, elle est la dame de cœur, c'est-à-dire une femme douce et aimante.

Du côté de Mina, c'était bien cela du moins.

Les cartes battues et coupées, Justin conventionnellement représenté par le valet de trèfle et Mina par la dame de cœur, la Brocante retourna d'abord trois cartes.

Elle recommença six fois le même manége.

Chaque fois qu'il y avait deux cartes de la même couleur, soit deux trèfles, soit deux carreaux, soit deux piques, elle prenait la carte la plus élevée, et la mettait devant elle, rangeant de gauche à droite les cartes qui se présentaient ainsi.

Au bout de six essais, elle avait six cartes.

Cette première opération finie, elle battit le jeu à nouveau, fit à nouveau couper de la main gauche, et recommença l'expérience en suivant le même système.

Un des paquets donna trois as ; la sorcière les prit tous les trois, et les plaça à côté les uns des autres.

Ce brelan abrégeait son opération, en lui donnant trois cartes au lieu d'une.

Puis elle continua, jusqu'à ce qu'elle eût dix-sept cartes.

Les deux cartes représentant Mina et Justin étaient sorties.

La sorcière, à partir du valet de trèfle, compta sept cartes de droite à gauche, le valet de trèfle compris.

— Voilà! dit-elle; celle que vous aimez est une jeune fille blonde, de seize à dix-sept ans.

— C'est bien cela, dit Justin.

Elle compta sept fois encore, et tomba sur le sept de cœur renversé.

— Projets détruits!... Vous avez fait avec elle un projet qui n'a pas pu s'accomplir.

— Hélas! murmura Justin.

La vieille compta sept fois encore, et tomba sur le neuf de trèfle.

— Ces projets ont été renversés par de l'argent que l'on n'attendait pas, quelque chose comme une pension ou une succession.

Elle compta de nouveau sept fois, et tomba sur le dix de pique.

— Et, chose étrange! continua-t-elle, cet argent, qui ordinairement fait rire, vous fait pleurer, vous!

Elle reprit son calcul, et tomba sur l'as de pique renversé.

— La lettre que je vous ai envoyée, dit-elle, vient de la jeune personne, qui est menacée de prison.

— De prison ? s'écria Justin ; impossible !

— Dame, les cartes sont là... De prison, de réclusion, de séquestration.

— Au fait, murmura Justin, si on l'enlève, c'est pour la cacher... Continuez, continuez ! j'ai donné raison jusqu'ici.

— La lettre est arrivée au milieu d'une visite d'amis.

— Oui, c'est cela d'amis... et de bons amis !

La Brocante compta sept fois encore,

et tomba sur la dame de pique renversée.

— Le mal vous vient, dit-elle, d'une femme brune, que celle que vous aimez croit son amie.

— Mademoiselle de Valgeneuse, peut-être ?

— Les cartes disent : *Une femme brune ;* elles ne disent pas son nom.

Elle reprit son calcul, et tomba sur le huit de pique.

Le huit de pique était renversé.

— Ce projet manqué, c'était un mariage.

Justin était haletant : jusque-là, soit soit hasard, soit magie, les cartes avaient dit la vérité.

— Oh! continuez! fit-il, au nom du ciel, continuez!

Elle continua et tomba sur un des trois as placés à la suite les uns des autres.

— Oh! oh! dit-elle, complot!

Au bout de sept autres cartes, elle arriva au roi de trèfle renversé.

— Vous êtes aidé dans ce moment-ci, dit-elle, par un homme loyal, aimant à rendre service...

— Salvator! murmura Justin ; c'est le nom qu'il m'a donné.

— Mais contrarié dans ses projets! ajouta la vieille ; quelque chose qu'il entreprend pour vous, à l'heure qu'il est, éprouve du retard.

— La jeune fille blonde? la jeune fille blonde?... demanda Justin.

La vieille compta sept fois, et tomba sur le valet de pique.

— Oh! dit-elle, elle a été enlevée par un jeune homme brun et de mauvaises mœurs.

— Femme! s'écria Justin, où est-elle? et, tout ce que j'ai, je te le donne!

Et, fouillant à sa poche, il en tira une poignée d'argent qu'il s'apprêtait à jeter sur la table où la Brocante faisait ses cartes, lorsqu'il se sentit arrêter le bras.

Il se retourna : c'était Salvator, qui venait d'entrer sans être vu ni entendu, et qui s'opposait à cette libéralité exagérée.

— Remettez cet argent dans votre poche, dit-il à Justin ; descendez, sautez sur le cheval de M. Jean Robert, partez au galop pour Versailles, et veillez à ce que personne ne mette le pied dans la cour de la récréation... Il est sept heures et demie : à huit heures et demie, vous pourrez être chez madame Desmarest.

— Mais... fit Justin hésitant.

— Partez, sans perdre une minute, dit Salvator, il le faut !

— Mais...

— Partez, ou je ne réponds de rien !

— Je pars, dit Justin.

Puis, en sortant :

— Soyez tranquille, cria-t-il à la Brocante, je vous reverrai !

Il descendit rapidement, prit la bride des mains de Jean Robert, sauta en selle en fils de fermier habitué dès son enfance à monter tous les chevaux, et disparut au galop par la rue Copeau, c'est-à-dire par le chemin le plus court pour gagner la route de Versailles.

IX

Comment les cartes ont toujours raison.

Jean Robert, débarrassé de la garde du cheval, chercha à tâtons l'échelle, dont le gisement lui avait été indiqué par Salvator, qui, en revenant de la police, l'avait trouvé le premier au rendez-vous.

Nous pourrions faire bon nombre de plaisanteries sur les échelles, les greniers et les poetes; mais Jean Robert avait un cheval, comme nous avons dit, un fort bon cheval demi-sang, qui pouvait fournir cinq lieues à l'heure : Jean Robert sortait donc de la catégorie des poètes à échelles et à greniers.

A la vue de Salvator, la vieille avait laissé tomber son jeu de cartes, en poussant un profond soupir; les chiens étaient rentrés dans leur hotte; la corneille avait repris sa place sur la poutre.

Lorsque Jean Robert entra à son tour, il ne vit donc qu'un groupe qui, comme pittoresque, eût réjoui l'œil de peintre de son ami Pétrus, et qui, par ce même pittoresque, s'empara immédiatement de son cœur de poëte.

C'était le groupe qui se composait de la vieille tireuse de cartes, assise sur son escabeau ; de Babolin, couché à ses pieds, et de Rose-de-Noël, debout à ses côtés, et appuyée au pilier.

La Brocante attendait évidemment avec inquiétude ce qu'allait dire Salvator.

Quant aux deux enfants, ils souriaient à ce dernier comme à un ami, mais chacun avec une expression différente.

Chez Babolin, ce sourire était celui de la gaîté ; chez Rose-de-Noël, ce sourire était celui de la mélancolie.

Mais, au grand étonnement de la Brocante, Salvator ne parut faire aucune attention à ce qui venait de se passer.

— C'est vous, Brocante ? demanda-t-il. Comment va Rose-de-Noël ?

— Bien, monsieur Salvator, très bien répondit la jeune fille.

— Ce n'est point à toi que je demande cela, pauvrette ; c'est à cette femme,

— Elle tousse un peu, monsieur Salvator, dit la vieille.

— Le médecin est-il venu ?

— Oui, monsieur Salvator.

— Qu'a-t-il dit ?

— Qu'il fallait, avant tout, quitter ce logement.

— Il a bien fait de vous dire cela ; il y a longtemps que je vous le dis, moi, Brocante.

Puis, plus sévèrement, et fronçant le sourcil :

— Pourquoi cette enfant a-t-elle encore les jambes et les pieds nus ?

— Elle ne veut mettre ni bas ni souliers, monsieur Salvator.

— Est-ce vrai, Rose-de-Noël, demanda le jeune homme avec douceur, mais d'un ton, cependant, qui n'était pas exempt de reproche.

— Je ne veux pas mettre de bas, parce que je n'ai que de gros souliers de cuir.

— Pourquoi la Brocante ne t'achète-t-elle pas des bas de coton et des souliers de chevreau ?

— Parce que c'est trop cher, monsieur Salvator, et que je suis pauvre.

— Tu te trompes, ce n'est pas cher, dit Salvator ; tu mens, tu n'es pas pauvre.

— Monsieur Salvator !

— Silence ! Et écoute bien ceci...

— J'écoute, monsieur Salvator.

— Et tu obéiras ?

— Je tâcherai.

— Et tu obéiras? répéta le jeune homme d'une voix plus impérieuse.

— J'obéirai.

— Si, dans huit jours — tu m'entends bien? — si dans huit jours, tu n'as pas trouvé une chambre pour toi et Babolin, un cabinet à l'air et au soleil pour cette enfant, et un chenil à part pour les chiens, je te retire Rose-de Noël.

— La vieille passa son bras autour de la taille de la jeune fille, et la serra contre elle, comme si Salvator eût voulu effectuer sa menace à l'instant même.

— Vous me retireriez mon enfant! s'écria la vieille, mon enfant qui est depuis sept ans avec moi?

— D'abord, ce n'est point ton enfant, dit Salvator : c'est un enfant volé par toi.

— Sauvé, monsieur Salvator! sauvé!

— Volé ou sauvé, tu discuteras la chose avec M. Jackal.

La Brocante se tut, mais n'en étreignit que plus fortement Rose-de-Noël.

— D'ailleurs, continua Salvator, je ne suis pas venu pour cela ; je suis venu pour ce pauvre garçon que tu étais en train de dépouiller quand je suis entré.

— Je ne le dépouillais pas, monsieur Salvator : je prenais ce qu'il me donnait volontairement.

— Que tu trompais alors.

— Je ne le trompais pas : je lui disais la vérité ?

— Comment la savais-tu, la vérité ?

— Par les cartes.

— Tu mens !

— Cependant, les cartes...

— Sont un moyen d'escroquerie !

—Monsieur Salvator, sur la tête de Rose-de-Noël, tout ce que je lui ai dit est vrai.

— Que lui as-tu dit ?

— Qu'il aimait une jeune fille blonde de seize à dix-sept ans.

— Qui t'a dit cela ?

— C'était dans les cartes.

— Qui t'a dit cela? répéta impérativement Salvator.

— Babolin, qui l'a su dans le quartier.

— Ah! voilà le métier que tu fais, toi? dit Salvator à Babolin.

— Pardon, monsieur Salvator, je n'ai pas cru que je faisais du mal en disant cela à la Brocante; il était bien connu, dans le faubourg Saint-Jacques, que M. Justin était amoureux de mademoiselle Mina.

— Continue, Brocante. Que lui as-tu dit encore?

— Je lui ai dit que la jeune fille l'aimait, qu'il y avait un projet de mariage, mais que ce projet avait été renversé par une somme d'argent inattendue.

— Qui t'a dit cela ?

— Dame, monsieur Salvator, le dix de trèfle signifie *argent*, et le huit de pique *projet manqué.*

— Qui t'a dit cela, Brocante ? insista Salvator s'impatientant de plus en plus.

— Un bon curé, monsieur Salvator... un bon vieux curé à cheveux blancs, qui,

certainement, ne mentait pas! Il disait, dans un groupe de gens qui l'interrogaient :
« Et quand on pense que c'est une somme de douze mille francs... » Je ne sais pas bien si c'était dix ou douze.

— Peu importe!

« — Et quand on pense, disait le bon vieux curé, que c'est une somme de douze mille francs que j'ai apportée, qui est cause de tout ce malheur ! »

— Bien, Brocante ! Et, après, que lui as-tu dit encore ?

— Je lui ai dit que mademoiselle Mina

avait été enlevée par un jeune homme brun.

— D'où le sais-tu ?

— Monsieur Salvator, le valet de pique était là, voyez-vous, et le valet de pique...

— D'où sais-tu que la jeune fille a été enlevée ? répéta Salvator en frappant du pied.

— Je l'ai vue, monsieur.

— Comment, tu l'as vue ?

— Comme je vous vois, monsieur Salvator.

— Où cela ?

— Place Maubert.

— Tu as vu Mina, place Maubert ?

— Cette nuit, monsieur Salvator, cette nuit... Je venais de faire la rue Galande, je faisais la place Maubert; tout à coup, une voiture passe si vite, qu'on l'aurait dite emportée ; la vitre s'abaisse; j'entends crier : « A moi ! au secours ! on m'enlève! » et une jolie petite tête blonde comme une tête de chérubin, sort par la portière. En même temps, une seconde tête paraît... celle d'un jeune homme brun, avec des moustaches... Il tire en arrière celle qui criait, et referme la vitre; mais celle qu'on enlevait avait eu le temps de jeter une lettre.

— Et cette lettre ?

— C'est celle qui portait l'adresse de M. Justin.

— Quelle heure était-il, Brocante ?

— Il pouvait être cinq heures du matin, monsieur Salvator.

— Bon! est-ce tout?

— Oui, c'est tout.

— Sur la tête de Rose-de-Noël?

— Sur la tête de Rose-de-Noël!

— Pourquoi n'as-tu pas raconté à M. Justin tout simplement la chose comme elle s'est passé?

— Je me suis laissée tenter, monsieur Salvator; il ira dire ce qui lui est arrivé, et cela me vaudra des pratiques.

— Tiens Brocante, voici un louis pour avoir dit la vérité, reprit Salvator; mais, sur ce louis, tu achèteras à cette enfant trois paires de bas de coton et une paire de souliers de chevreau.

— Je veux des souliers rouges, monsieur Salvator, dit Rose-de-Noël.

— Tu les prendras de la couleur que tu voudras, mon enfant.

Puis se retournant vers Brocante :

— Tu as entendu? dit-il, si, dans huit jours, jour pour jour, heure pour heure, je vous trouve encore ici, j'emmène Rose-de-Noël.

— Oh ! murmura la vieille.

— Et toi, Rose, si je te trouve encore

les pieds nus, je te fais habiller comme tu l'étais, quand je t'ai vue pour la première fois, il y a cinq ans.

— Oh! monsieur Salvator, dit la petite fille.

Alors s'approchant une dernière fois de la vieille :

— N'oublie pas, Brocante, lui dit-il à demi-voix, que tu réponds de cette enfant sur ta tête! Si tu la laisses mourir de froid dans ton grenier, je te ferai mourir de froid, de misère et de faim dans un cachot,

Et, après cette menace, il se pencha vers la jeune fille, qui, de son côté, avança son front au-devant de son baiser.

Puis, sortant de ce bouge, il fit signe à Jean Robert de le suivre.

Jean Robert jeta un dernier regard sur la vieille et sur les deux enfants, et sortit à son tour, sur les pas de Salvator.

— Qu'est-ce donc que cette étrange jeune fille? demanda-t-il à Salvator, une fois arrivé dans la rue.

— Dieu seul le sait! répondit celui-ci.

Et tout en descendant la rue Copeau et la rue Mouffetard, il raconta au poète l'événement de la nuit du 20 août, et comment la jeune fille, qu'il venait de voir, et dont la beauté sauvage avait produit sur lui un si puissant effet, était tombée au pouvoir de la Brocante, et, perle, se trouvait au milieu de ce fumier.

Le récit n'était pas long, comme on sait : quand les deux jeunes gens arrivèrent sur le pont Neuf, il était fini.

— Là ! dit Salvator en allant s'appuyer contre la grille de la statue de Henri IV.

— Vous vous arrêtez là ? demanda Jean Robert.

— Oui.

— Pourquoi nous arrêtons-nous ?

— Pour attendre.

— Pour attendre quoi ?

— Une voiture.

— Qui va nous mener où ?

— Oh! mon cher, vous êtes trop curieux !

— Cependant...

— En votre qualité de poète dramatique, vous savez que c'est un talent de ménager l'intérêt.

— Comme vous voudrez... Attendons.

— Du reste, ils n'attendirent pas longtemps.

Au bout de dix minutes, une voiture attelée de deux vigoureux chevaux tournait le quai des Orfèvres, et s'arrêtait en face de la statue de Henri IV.

Un homme d'une quarantaine d'années ouvrit la portière, de l'intérieur où il était placé, en disant :

— Allons, vite!

Les deux jeunes gens montèrent.

— Où tu sais, dit l'homme de la voiture au cocher.

Et la voiture partit au galop, tournant à l'extrémité du pont Neuf, et prenant le quai de l'École.

— Allons, vite!

Les deux jeunes gens montèrent.

— Où tu sais, dit l'homme de la voiture au cocher.

Et la voiture partit au galop, tournant à l'extrémité du pont Neuf, et prenant le quai de l'École.

X

Monsieur Jackal.

Racontons à nos lecteurs ce que Salvator n'avait pas jugé à propos de raconter à Jean Robert.

En quittant Justin et Jean Robert, rue

du Faubourg Saint-Jacques, Salvator, comme nous l'avons dit, s'était acheminé vers la police.

Il arriva dans ce cul-de-sac immonde qu'on appelle la rue de Jérusalem, sentine étroite, sombre, où jamais le soleil ne passe qu'en se voilant.

Salvator franchit la porte de la Préfecture avec la façon leste et dégagée d'un familier du sombre hôtel.

Il était sept heures du matin, c'est-à-dire petit jour à peine.

Le concierge l'arrêta.

— Hé! monsieur! lui cria-t-il, où allez-vous?.., Hé! monsieur!

— Eh bien? dit Salvator en se retournant.

— Ah! pardon, monsieur Salvator, je ne vous reconnaissais pas.

Puis il ajouta en riant :

— C'est votre faute; vous êtes mis comme un monsieur.

— M. Jackal est-il déjà à son bureau? demanda Salvator.

— C'est-à-dire qu'il y est encore; il y a couché.

Salvator traversa la cour, s'avança sous la voûte située en face de la porte, prit un petit escalier à gauche, monta deux étages, enfila un corridor, et demanda à l'huissier M. Jackal.

— Il est bien occupé en ce moment! répondit l'huissier.

— Dites-lui que c'est Salvator, le commissionnaire de la rue aux Fers.

L'huissier disparut par une porte et revint presque aussitôt.

Dans deux minutes, M. Jackal est à vous.

Effectivement, un instant après, la porte se rouvrit, et, avant que l'on vit encore personne, on entendit une voix qui criait :

— Cherchez la femme, pardieu ! cherchez la femme !

Puis parut l'homme dont on venait d'entendre la voix.

Essayons de tracer le portrait de M. Jackal.

C'était un homme d'une quarantaine d'années environ, au corps démesurément long, grêle, effilé, vermiforme, selon l'expression des naturalistes, et avec cela, des jambes courtes et nerveuses.

Le corps révélait la souplesse ; les jambes, l'agilité.

La tête semblait appartenir à la fois à toutes les familles de l'ordre des carnassiers digitigrades ; la chevelure, ou la crinière, ou le pelage, comme on voudra, était d'un fauve grisâtre ; les oreilles longues, dressées contre la tête, et garnies de poils, ressemblaient à celles de l'once ; les yeux, d'un iris jaune le soir, vert le jour, tenaient à la fois de l'œil du lynx et du loup ; la pupille, allongée verticalement, et pareille à celle du chat, se contractait et se dilatait selon le degré d'obscurité ou de lumière dans lequel elle opérait : le nez et le menton, le museau, voulons-nous dire, était effilé comme celui d'un lévrier.

Une tête de renard et un corps de putois.

Au reste, les jambes, dont nous avons dit un mot, indiquaient que l'individu pouvait à l'instar des martres, se glisser partout et passer par les plus petites ouvertures, pourvu que la tête pût y entrer.

Toute la physionomie, comme celle du renard, révélait à la fois la ruse, l'astuce et la finesse ; comme l'animal chasseur nocturne de lapins et de poules, on sentait que M. Jackal ne pouvait quitter son fourré de la rue de Jérusalem et se mettre en chasse, qu'à la tombée de la nuit.

Il cligna les yeux, et aperçut, dans la pénombre du corridor, celui qu'on lui avait annoncé.

— Ah! c'est vous, mon cher monsieur Salvator! dit-il en s'avançant avec beaucoup d'empressement. Qui me procure le plaisir de vous voir de si bon matin?

— On m'a dit, monsieur, que vous étiez fort occupé, répondit Salvator, qui paraissait surmonter à grand'peine la répugnance que l'homme de police lui inspirait.

— C'est vrai, mon cher monsieur Salvator ; mais vous savez bien qu'il n'y a pas d'occupation que je ne quitte à l'instant même pour avoir le plaisir de causer avec vous.

— Allons, entrons dans votre cabinet, dit Salvator, sans répondre à la phrase complimenteuse de M. Jackal.

— C'est impossible, dit M. Jackal : j'ai vingt personnes qui m'attendent.

— Avez-vous pour longtemps affaire avec ces vingt personnes?

— Pour vingt minutes à peu près, une minute par personne. Il faut que je sois à neuf heures au Bas-Meudon.

— Au Bas-Meudon?

— Oui.

— Que diable allez-vous faire-là?

— Je vais constater une asphyxie.

— Une asphyxie?

— Deux jeunes gens qui se sont tués, oui... Le plus vieux des deux a vingt-quatre ans, à ce qu'il paraît.

— Pauvres jeunes gens! dit Salvator avec un soupir.

— Puis revenant à l'affaire de Justin :

— Diable! cela me contrarie beaucoup, de ne pouvoir vous parler à mon aise ; j'avais quelque chose de grave à vous communiquer.

— Une idée...

— Dites !

— Je vais en voiture ; je suis seul dans ma voiture; venez avec moi ; vous me conterez votre cas le long du chemin. De quoi s'agit-il, en deux mots?

— D'un enlèvement.

— Cherchez la femme !

— Parbleu ! c'est ce que nous cherchons.

— Oh ! non, pas la femme enlevée.

— Laquelle alors ?

— Celle qui a fait enlever l'autre.

— Vous croyez qu'il y a une femme là dedans ?

— Il y a une femme dans tout, monsieur Salvator ; c'est ce qui rend notre métier si difficile. Hier, on vint m'apprendre qu'un couvreur s'est tué en tombant d'un toit...

— Vous avez dit : « Cherchez la femme ! »

— C'est la première chose que j'ai dite.

— Eh bien ?

— Ils se sont moqués de moi: ils ont dit que j'avais un tic! On cherche la femme, et on la trouve.

— Bon! comment cela?

— Le drôle s'était retourné pour voir une femme qui s'habillait dans la mansarde en face, et il avait pris tant de plaisir à la contempler, ma foi! qu'il n'avait plus fait attention où il était: le pied lui avait manqué, et patatras!

— Il est mort?

— Il s'est tué raide, l'imbécile! Est-ce

dit, et venez-vous avec moi au Bas-Meudon?

— Oui, mais j'ai un ami.

— Il y a quatre places dans la voiture.— Fargeau, dit M. Jackal à l'huissier, faites atteler.

— C'est que, auparavant, je dois aller rue Triperet, et revenir.

— Je vous donne une demi-heure.

— Où nous retrouverons-nous?

— Rendez-vous à la statue de Henri IV ; je ferai arrêter la voiture ; vous monterez dedans, et fouette cocher !

Après quoi, M. Jackal était rentré dans son bureau, et Salvator était allé chercher Jean Robert rue Triperet.

Les choses s'étaient passées selon le programme arrêté : les deux jeunes gens avaient pris place dans la voiture de M. Jackal, et tous trois roulaient vers le Bas-Meudon.

Nous avons essayé de peindre M. Jackal au physique : un coup de pinceau, maintenant, pour le moral.

M. Jackal était un ancien commissaire de police que ses aptitudes merveilleuses avaient fait monter, d'étage en étage, jusqu'à ce faîte suprême de chef de la police de sûreté.

M. Jackal connaissait tous les voleurs, tous les filous, tous les bohémiens de Paris; forçats libérés, forçats en rupture de ban, voleurs exercés, voleurs apprentis, voleurs émérites, voleurs retirés, tout cela grouillait sous son vaste regard, dans le pandémonium boueux de la vieille Lutèce, sans pouvoir, quelle que fût l'obscurité de la nuit, la profondeur des carrières, la multiplicité des tapis-francs, se dérober à sa vue; il était ferré sur ses garnis, ses tripots, ses lupanars, ses souricières, comme Philidor sur les cases de son échiquier ; à la seule vue d'un contrevent éventré, d'un carreau cassé, d'un coup de couteau donné, il disait : « Oh! oh! je connais cela, c'est la manière de travailler d'*un tel*. »

Et rarement il se trompait.

M. Jackal semblait n'être soumis à aucun des besoins de la nature. N'avait-il pas le temps de déjeûner, il ne déjeûnait pas; n'avait-il pas le temps de dîner, il ne dînait pas; n'avait-il pas le temps de souper, il ne soupait pas; n'avait-il pas le temps de dormir, il ne dormait pas!

M. Jackal portait, avec un bonheur égal et une aisance pareille, tous les déguisements : rentier du Marais, général de l'Empire, membre du Caveau, concierge de grande maison, portier de petite, épicier, marchand de vulnéraire, saltimbanque, pair de France, voltigeur de Gand, il était tout ce que l'on voulait, et eût fait honte au comédien le plus habile et le plus varié.

Protée n'eût été près de lui qu'un grimacier de Tivoli ou du boulevart du Temple.

M. Jackal n'avait ni père, ni mère, ni frère, ni sœur, ni fils, ni fille : il était seul au monde, et il semblait avoir été privé de famille par une providence attentive qui, en lui dérobant les témoins de sa vie mystérieuse, lui avait permis de marcher librement dans sa voie.

M. Jackal avait, sur les quatre rayons de sa bibliothèque, quatre éditions différentes de Voltaire ! A une époque où tout le monde, à la police surtout, était jésuite de robe longue ou de robe courte, lui seul avait son franc parler, citait le *Dictionnaire philosophique* à tout propos, et savait la *Pucelle* par cœur. Ces quatre exemplaires des œuvres de l'auteur de *Candide* étaient reliés en chagrin et argentés sur tranche — emblème funèbre des croyances ensevelies de leur propriétaire.

M. Jackal ne croyait pas au bien ; le mal pour lui dominait toute la création. Réprimer le mal lui semblait le seul but de la vie ; il ne comprenait point un monde à d'autres fins.

C'était une espèce d'archange Michel des régions basses; le jugement dernier avait déjà commencé pour lui, et il usait des pouvoirs que la société lui avait confiés, comme l'ange exterminateur se sert de son glaive.

Les hommes lui paraissaient une grande collection de marionnettes et de pantins exerçant toutes sortes de professions : de ces marionnettes et de ces pantins, les femmes faisaient, suivant lui, mouvoir les fils; aussi avait-il une monomanie dont nous avons vu un échantillon dans les premiers mots qu'il avait prononcés en ouvrant la porte de son cabinet, monomanie qui l'amenait presque infailliblement à la découverte du crime dont il voulait connaître l'auteur.

Toutes les fois que l'on venait lui dénoncer une conspiration, un assasinat, un vol, un enlèvement, une escalade, un sacrilége, un suicide, il ne faisait qu'une réponse : « Cherchez la femme! »

On cherchait la femme, et, quand la femme était trouvée, il n'y avait plus à s'occuper de rien : le reste se trouvait tout seul.

Il en avait donné la preuve lui-même en citant l'exemple du couvreur qui s'était laissé tomber du haut d'un toit sur le pavé.

M. Jackal avait vu une femme au fond de cet accident, où un autre n'aurait vu qu'un faux pas, qu'un éblouissement, qu'un vertige.

Et l'expérience avait prouvé que M. Jackal avait bien vu.

M. Jackal avait donc été fidèle à son

principe en disant à Salvator à propos de l'enlèvement de Mina : « Cherchez la femme ! »

Tel était — et nous restons bien en arrière du portrait que nous eussions voulu tracer de lui — tel était M. Jackal, c'est-à-dire l'homme avec lequel, et dans la voiture duquel Salvator et Jean Robert longeaient le quai des Tuileries.

Ah! nous oublions un trait caractéristique de la physionomie de M. Jackal : il portait des lunettes vertes, non pour mieux voir, mais pour qu'on le vît moins.

Lorsqu'il voulait avoir le libre usage de

ses yeux, il relevait, par un mouvement rapide, ses lunettes sur son front; le rayon de son regard irisé dardait une flamme entre ses deux paupières, puis il abaissait ses lunettes, mais sans y porter les mains, par un simple frissonnement des muscles temporaux : au frissonnement de ces muscles, les lunettes retombaient d'elles-mêmes, et reprenaient leur place dans la rainure que leur arc d'acier avait à la longue creusée sur le nez de M. Jackal.

Rarement il avait besoin de renouveler cette première inspection, tant son regard était rapide, profond, sûr.

Ce regard ressemblait à ces éclairs d'été silencieux, qui passent à travers deux nuages noirs, pendant les chaudes soirées du mois d'août.

XI

Cherchez la femme !

M. Jackal, en recevant les deux jeunes gens dans sa voiture, avait commencé par remonter ses lunettes, et par lancer sur Jean Robert un de ces regards irisés qui lui révélaient l'homme moral et physique.

Au bout d'une seconde, ses lunettes étaient retombées, soit qu'il eût reconnu Jean Robert, poète, nous l'avons dit, ayant déjà franchi le premier cercle de la popularité, soit que les lignes honnêtes du visage du jeune homme eussent suffi pour lui indiquer qu'il n'aurait jamais rien à faire de côté.

— Ah! dit-il, quand il se fut établi carrément dans un des angles rembourrés de la voiture — angle qu'il avait voulu céder à Salvator, mais que Salvator avait obstinément refusé — nous disons donc qu'il s'agit d'un enlèvement?

M. Jackal prit sa tabatière — tabatière

charmante, fine et délicate bonbonnière qui avait dû renfermer des pastilles pour la Pompadour ou la Dubarry — et aspira avec volupté une large prise de tabac.

— Voyons, contez-moi cela.

Chaque homme a son côté faible, son talon mal trempé dans le Styx, son point vulnérable.

M. Jackal avait le sien, et, infidèle historien que nous sommes, nous avions omis de le mentionner.

M. Jackal pouvait se passer de manger,

de boire, de dormir, mais il ne pouvait se passer de priser.

Sa tabatière et son tabac lui étaient choses indispensables.

On eût dit que c'était dans sa tabatière qu'il puisait cette innombrable série d'idées ingénieuses par la production instantanée et incessante desquelles il étonnait ses contemporains.

Il savoura donc sa prise en disant: « Voyons, contez-moi cela. »

Ce qu'il allait entendre une seconde fois,

M. Jackal l'avait déjà entendu une première, mais mal, entre deux portes, préoccupé d'autres idées.

Il avait besoin de l'entendre une seconde fois.

Cette seconde audition ne changea rien à ses idées, quoique le récit fut augmenté des détails que Salvator venait de recueillir de la bouche de la Brocante.

— Et l'on n'a point cherché la femme? dit-il.

— On n'a pas eu le temps : nous savons

la chose depuis sept heures du matin seulement.

— Diable! fit-il, ils auront bouleversé la chambre, et piétiné le jardin.

— Qui ?

— Mais ces imbéciles-là !

Par *ces imbéciles-là* M. Jackal entendait la maîtresse de pension, les sous-maîtresses, les élèves.

— Non, dit Salvator, il n'y a pas de danger.

— Comment cela ?

— Justin est parti à franc étrier sur le cheval de monsieur (Salvator indiquait Jean Robert), et il se mettra en sentinelle à la porte.

— S'il arrive !

— Comment, s'il arrive ?

— Est-ce qu'un maître d'école sait monter à cheval ? Il fallait me dire cela, je vous eusse donné le Hussard.

— C'est justement l'observation que je

lui ai faite, dit Salvator; mais il m'a répondu que, fils de fermier, il avait monté à cheval dès son enfance.

— Bon! Et maintenant, si l'on trouve la femme, tout ira bien.

— Mais, hasarda Salvator, je ne vois auprès d'elle aucune femme dont on puisse se méfier.

— Il faut toujours se défier de la femme.

— N'êtes-vous pas un peu absolu, monsieur Jackal?

— Vous dites que c'est un jeune homme qui a enlevé votre Mina?

— Ma Mina? reprit Salvator en souriant.

— La Mina du maître d'école, la Mina en question, enfin!

— Oui; la Brocante, qui les a vus passer sur les quatre heures du matin, comme je vous ai dit, a reconnu un jeune homme; elle a même affirmé qu'il était brun.

— La nuit tous les chats sont gris.

Et M. Jackal, sur ce proverbe secoua la tête.

— Vous doutez? demanda Salvator.

— Voici... Il ne me semble pas naturel qu'un jeune homme enlève une jeune fille: ce n'est plus dans nos mœurs; à moins que le jeune homme ne soit d'une grande famille puissante en cour, et ne craigne pas, au dix-neuvième siècle, de trancher du Lauzun et du Richelieu : un fils de pair de

France, un neveu de cardinal ou d'archevêque... Ce sont les vieillards qui enlèvent — je dis cela pour vous, monsieur Salvator, et surtout pour monsieur, qui fait des pièces, ajouta l'homme de police en désignant Jean Robert d'un imperceptible mouvement de tête — parce que la vieillesse est impuissante et blasée; mais un enlèvement de la part d'un jeune homme qui a la beauté et la force, c'est un crime monstrueux!

— Cela est cependant ainsi.

— Alors cherchons la femme! Évidemment, une femme a trempé dans le crime; à quel degré? je l'ignore; mais une femme doit jouer un rôle quelconque dans ce drame mystérieux. Vous ne voyez, dites-vous, aucune femme auprès d'elle; moi, je n'y vois que des femmes : maîtresses, sous-maîtresses, amies de pension, femmes de chambre... Ah! vous ne savez pas ce que c'est que les pensionnats, cœur naïf que vous êtes!

Et M. Jackal aspira une seconde prise de tabac.

Tous ces pensionnats, voyez-vous, monsieur Salvator, continua-t-il, ce sont autant de foyers d'incendie où vivent et se débattent les jeunes filles de quinze ans, pareilles aux salamandres dont parlent les anciens naturalistes. Quant à moi, je sais bien une chose : c'est que si j'avais l'honneur d'avoir une fille à marier, j'aimerais mieux l'enfermer dans ma cave que de la mettre dans un pensionnat. Eh! vous n'avez pas d'idée des plaintes qu'on reçoit au bureau des mœurs sur les pensionnats, non pas que les maîtresses de pension soient toujours coupables, mais les petites filles sont toujours amoureuses : c'est la vieille fable d'Éve, maîtresses, sous-maîtresses, gardiennes, au contraire, sont constamment éveillées, comme des chiens autour d'une ferme, ou les gardes du corps autour du roi. Mais le moyen d'empêcher le loup d'entrer dans la bergerie, quand c'est la brebis elle-même qui ouvre la porte au loup?

— Là n'est point le cas : Mina adorait Justin.

— Alors, c'est une amie qui a fait l'affaire ; voilà pourquoi j'ai dit et je répète : « Cherchons la femme ! »

— Je commence à me rendre à votre

opinion, monsieur Jackal, fit Salvator en plissant le front, comme pour forcer sa pensée à s'arrêter sur quelque point obscur et suspect.

— Eh! certainement, continua l'homme de police, je ne doute pas de la chasteté de *votre Mina*... enfin, je veux dire la Mina de votre maître d'école... Elle n'a apporté, j'en suis sûr, en venant au pensionnat, aucun mauvais germe de nature à gâter les plantes qui l'entouraient ; élevée soigneusement, elle ne pouvait porter en elle que les trésors de bonté et de candeur qu'elle avait amassés sous les regards de ses parents d'adoption ; mais, pour une fleur candide qui donne ses parfums, combien de mauvaises plantes répandent les vapeurs fatales, dont, à son insu, la famille les a infectées dès l'enfance! L'enfant, que l'on croit insoucieux et léger, n'oublie jamais rien, monsieur Salvator, rappelez-vous bien cela; celui qui, à dix ans, a vu représenter les innocentes fééries du théâtre de l'Ambigu-Comique ou de la Gaîté, si c'est un garçon, demandera, à quinze ans, la lance du chevalier, pour aller transpercer les géants gardiens et persécuteurs de la princesse de son choix; si c'est une fille, elle se figurera qu'elle est cette princesse persécutée par ses parents, et emploiera, pour rejoindre l'amant dont on l'a séparée, toutes les ressources que lui auront révélées l'enchanteur Maugis ou la fée Colibri. Nos théâtres, nos musées, nos murailles, nos magasins, nos promenades, tout contribue à éveiller dans le cœur de l'enfant mille curiosités que le premier passant interrogé satisfera, au défaut du père ou de la mère; tout concourt à faire naître et à entretenir en lui cet appétit de tout connaître, cette soif de tout comprendre qui est le mal de l'enfance; et la mère, qui ne peut pas expliquer à sa fille pourquoi, en entrant à l'église, un beau jeune homme offrait de l'eau bénite à une jeune fille; pourquoi, un jour d'été, un couple d'amoureux s'embrassait dans les champs; pourquoi l'on se marie; pourquoi l'un va à la messe, tandis que l'autre n'y va pas; la mère, enfin, qui ne peut révéler à sa fille aucun des mystères que celle-ci entrevoit vaguement, l'envoie, effrayée de sa curiosité croissant en raison de ses ans, dans un pensionnat où elle apprend, de ses sœurs aînées, ces secrets destructeurs de la santé et de la vertu, qu'elle confie ensuite à des sœurs plus jeunes. Voilà, mon cher monsieur Salvator — je vous dis cela pour votre gouverne, si jamais vous prenez femme — voilà comment, même au sortir de la famille la plus honnête, la jeune fille entre au pensionnat portant en soi la semence vénéneuse qui doit empoisonner plus tard un champ tout entier.

— Mais, demanda Salvator, tandis que Jean Robert écoutait avec étonnement, mais il y a, sans doute, un remède à cela?

— Eh! oui, sans doute, il y a remède à cela comme à autre chose; il y a remède

à tout, parbleu! mais, que voulez-vous?
il y a une muraille plus forte, plus haute,
plus étendue que celle de la Chine à renverser! il y a l'*habitude*, ce fléau des sociétés. Ainsi, par exemple, depuis quelque
temps, les jeunes gens ont pris une habitude funeste, d'autant plus funeste, qu'à
celle-là il n'y a pas de remède...

— Laquelle?

— C'est celle de se tuer. Un jeune homme
aime une jeune fille qui ne l'aime pas
encore; il ne prend pas le temps d'attendre
qu'elle l'aime : il se tue! Une jeune fille
aime un jeune homme qui ne l'aime plus,
et sur lequel elle comptait pour couvrir,
comme époux, les méfaits de l'amant : elle
se tue! Deux jeunes gens s'aiment, et les

parents refusent de les marier : ils se
tuent ! Et savez-vous pourquoi, la plupart
du temps, ils se tuent?

— Dame ! parce qu'ils sont las de la vie,
dit Jean Robert.

— Eh! non, monsieur le poète! fit
l'homme de police; on n'est jamais las de
la vie, et la preuve, c'est que, plus on est
vieux, plus on y tient. Il y a cent suicides
de jeunes gens au-dessous de vingt-cinq
ans pour un suicide de vieillard au-dessus
de soixante-dix. On se tue — c'est misérable à dire – le jeune homme pour faire
niche à sa maîtresse, la maîtresse pour
faire niche à son amant, l'amant et la maîtresse pour faire niche aux parents; niche
terrible, qui, si elle eût tardé d'un an, de

six mois, de huit jours, d'une heure, fût devenue inutile, par l'amour de la femme, le retour du jeune homme, le consentement des parents. Autrefois, il n'en était point ainsi : on ne connaissait pas le suicide, ou on le connaissait à peine; le moyen-âge, c'est-à-dire trois ou quatre siècles, ne compte pas dix suicides constatés !

— Au moyen âge, ajouta Jean Robert, on avait les couvents.

— Justement ! vous avez mis le doigt dessus, jeune homme. On avait une grande peine, on ressentait une grande douleur, on prenait la vie en dégoût : l'homme se faisait moine; la femme se faisait religieuse; c'était la façon de se brûler la cervelle, de s'asphyxier, de se noyer. Tenez, aujourd'hui, je vais constater, au Bas-Meudon, le suicide de mademoiselle Carmélite et de M. Colomban. Eh bien...

Les deux jeunes gens tressaillirent.

Pardon, dirent-ils en même temps, interrompant M. Jackal.

— Quoi?

— Mademoiselle Carmélite n'était-elle point une élève de Saint-Denis? demanda Salvator.

— Précisément.

— M. Colomban n'était-il pas un jeune gentilhomme breton? demanda Jean Robert.

— A merveille.

— Alors, murmura Salvator, je comprends la lettre qu'a reçue ce matin Fragola.

— Oh! pauvre garçon! dit Jean Robert, j'ai entendu prononcer son nom par Ludovic.

— Mais la jeune fille était un ange! dit Salvator.

— Mais le jeune homme était un saint! dit Jean Robert.

— Eh! sans doute! dit le vieux voltairien; voilà pourquoi ils sont remontés au ciel; ils se trouvaient déplacés sur la terre, pauvres enfants!

Et il prononça ces paroles avec un singulier mélange de sarcasme et d'attendrissement.

— Oh! mon Dieu! dit Jean Robert, le pauvre Ludovic va être désespéré.

— Oh! mon Dieu! murmura Salvator, la pauvre Fragola va être bien triste.

— Mais, enfin, dit Jean Robert, les causes de cette mort sont-elles un secret, ou bien pouvez-vous nous dire?...

— La catastrophe dans tous ses détails? Oh! mon Dieu, oui; vous n'aurez que les noms à y changer pour en faire un poème ou un roman: je vous réponds qu'il y a matière!

— Et, tout en roulant du quai de la Conférence au pont de Sèvres, M. Jackal fit aux deux jeunes gens attentifs le récit suivant, qui, tout en dehors qu'il semble, à première vue, des événements que nous racontons, finira par s'y rattacher, un peu plus tôt ou un peu plus tard.

Que nos lecteurs prennent donc patience ; nous ne sommes encore qu'au prologue du livre que nous écrivons, et nous sommes forcé de poser nos personnages.

FIN DU TROISIÈME VOLUME.

Fontainebleau, imprimerie de E. Jacquin.

www.ingramcontent.com/pod-product-compliance
Lightning Source LLC
Chambersburg PA
CBHW071515160426
43196CB00010B/1532